# MEDIAÇÃO E DIREITO DA FAMÍLIA

**Dados Internacionais de Catalogação na Publicação (CIP)**
**(Câmara Brasileira do Livro, SP, Brasil)**

Robles, Tatiana
Mediação e direito de família / Tatiana Robles. -- 2. ed. rev. e ampl. -- São Paulo : Ícone, 2009.

ISBN 978-85-274-1025-0

1. Direito de família 2. Mediação familiar I. Título.

09-00811 CDU-347.627.08

Índices para catálogo sistemático:

1. Mediação familiar : Direito de família : Direito civil 347.627.08

TATIANA ROBLES

# MEDIAÇÃO E DIREITO DA FAMÍLIA

**Capa**
Rodnei de Oliveira Medeiros

**Diagramação**
João Bosco Mourão

**Revisão**
Rosa Maria Cury Cardoso


ÍCONE EDITORA LTDA.
Rua Anhanguera, 56 – Barra Funda
CEP 01135-000 – São Paulo – SP
Tel./Fax.: (11) 3392-7771
www.iconeeditora.com.br
e-mail: iconevendas@iconeeditora.com.br

*À minha família*

# RESUMO

Este trabalho é resultado de reflexão e pesquisa sobre o modo de conduzir as lides familiares, após experiência vivenciada pela autora na área de Direito de Família. Tem por finalidade estudar a mediação como um novo método para o tratamento e a resolução dos conflitos familiares, em vez do degradante processo judicial. Essa mudança faz-se extremamente necessária em razão da crise do Estado na administração da Justiça de uma forma geral e, em especial, de sua falta de efetividade na resolução das lides familiares, devido à alta complexidade e às peculiaridades que essas lides apresentam. Foi dada ênfase aos malefícios causados pelo processo judicial, uma vez que este, caracterizado por uma luta constante em provar a existência de um culpado e de um inocente, só cristaliza o conflito familiar e não o pacifica. Estudou-se, pormenorizadamente, o método da mediação, demonstrando os benefícios em sua aplicação na área familiar, uma vez que possibilita às partes a resolução do conflito de forma amigável e, consequentemente, a perduração das relações parentais e dos interesses de longa duração. Foi realizada uma análise da prática da mediação e de sua regulamentação legal em outros países, bem como a sua crescente prática no Brasil, corroborando a sua viabilidade e eficácia. Por derradeiro, demonstrou-se a necessidade da implementação legal da mediação de família no Brasil, fundamentando-a em princípios constitucionais e dispositivos infraconstitucionais. Nesse sentido, também foi examinado o Projeto de Lei existente no país visando a institucionalizar a mediação. Este estudo procurou abordar o tema de forma abrangente, expondo a necessidade de mudança de uma cultura de litígio para uma cultura de paz, principalmente na área familiar.

# SUMÁRIO

# INTRODUÇÃO

A atual situação do sistema judiciário brasileiro, caracterizada pela sobrecarga dos tribunais, pela demora na obtenção da prestação jurisdicional, pelos elevados custos do processo judicial e pela falta de acesso à Justiça, impõe a necessidade de uma reflexão sobre novos métodos para a consecução da pacificação dos conflitos sociais.

Quando pensamos nas lides que versam sobre Direito de Família, essa necessidade mostra-se ainda mais imperiosa, em razão da complexidade e da intersubjetividade inerentes a essas lides.

As pessoas envolvidas em uma controvérsia familiar encontram-se em um estado de confusão de sentimentos, de sofrimento, abaladas psicologicamente e, muitas vezes, incapazes de tomar decisões conscientes e sensatas sobre as questões referentes às suas próprias vidas, aos seus futuros. Até porque essas decisões devem se referir a todos os membros da família e a comunicação entre esses se encontra interrompida. Em razão disso, acabam por delegar a um Poder Judiciário ineficiente o poder de proferir essas decisões.

Ocorre que o ambiente dos tribunais não se mostra apropriado para o resgate da comunicação interrompida, ao contrário, apresenta-se hostil. O processo judicial e a sua característica beligerância colaboram para o acirramento da disputa. As decisões são impostas considerando apenas o que consta nos autos, a versão jurídica na qual se transformou o conflito psicológico.

A consequência é um pernicioso ciclo: as partes sentem-se estranhas em relação às decisões, a elas não aderem e as transgridem frequentemente. Os conflitos não são pacificados, permanecem, ainda mais exasperados, as partes não se conciliam. Das transgressões das decisões originam-se outras demandas judiciais, a jurisdição é novamente acionada para proferir uma decisão, que, mais uma vez, será ineficaz.

Diante da necessidade de mudança desse cenário, surgem os meios alternativos de resolução de controvérsias que constituem, hoje, não somente métodos para a resolução das lides fora do Poder Judiciário, mas também instrumentos, recursos adicionais que podem ser utilizados pelo Poder Judiciário para a adequação e a eficiência de suas intervenções.

Dentre esses meios, encontra-se a mediação. Trata-se de um processo em que um terceiro neutro e imparcial auxilia as partes a obterem um acordo que satisfaça aos interesses de todos os envolvidos. Para tanto, o mediador, utilizando-se de técnicas próprias, ajuda as partes a trabalharem o conflito e a clarificarem os pontos da disputa.

A mediação pode ser aplicada às controvérsias concernentes a todos os âmbitos das relações humanas. No tocante à área familiar, a mediação mostra-se extremamente hábil, pois possibilita às partes, no curso do procedimento, a compreensão do conflito e, na consecução do acordo, a responsabilização pela decisão que, certamente, será durável, uma vez que é resultado de um consenso entre as próprias partes.

A mediação de família prioriza a autodeterminação das partes e a promoção dos princípios da dignidade da pessoa humana, da liberdade e da intimidade, atenuando os maléficos efeitos da dissociação familiar.

Trata-se de uma prática milenar, utilizada primeiramente pela civilização chinesa, mas o seu estudo aprofundado e a sua aplicação aos conflitos familiares iniciaram-se na década de 1970, nos Estados Unidos. A partir da década de 1980, a mediação começou a ser mais difundida. Atualmente, é praticada e legalmente disciplinada em diversos países.

Podemos classificar a mediação em extra e paraprocessual. A primeira consiste na atividade de mediação praticada e oferecida em órgãos e entidades privados, religiosos, de assistência social ou em clínicas. A segunda é uma atividade ligada ao Poder Judiciário que é praticada antes ou no curso do processo e consiste no objeto de estudo deste trabalho. Em alguns ordenamentos jurídicos, após ser distribuída e antes da submissão da demanda ao juiz, é obrigatória a tentativa de mediação, a fim de se intentar uma solução consensual da disputa. Muitas vezes, também, o juiz, no curso do processo, encaminha as partes à mediação.

Em todos os países nos quais é praticada na área familiar, a mediação tem mostrado resultados extremamente satisfatórios. As vantagens trazidas pela aplicação desse método em vez do angustiante processo judicial são incontestáveis.

Busca-se, no presente trabalho, demonstrar a necessidade da utilização da mediação na solução das controvérsias que versam sobre Direito de Família, o seu procedimento e os seus benefícios, bem como a sua viabilidade e eficácia, como se depreende da observação da aplicação do instituto em outros países e de algumas experiências já realizadas no Brasil. Procura-se mostrar, também, a urgência de uma regulamentação legal da mediação no Brasil e analisar o Projeto de Lei já existente nesse sentido.

Espera-se, enfim, que este estudo sensibilize o leitor, provocando uma reflexão acerca da necessidade de utilização de outro meio, menos beligerante e torturante do que o processo judicial, para a solução das lides familiares.

# CAPÍTULO I
# A INGERÊNCIA DO ESTADO NA RESOLUÇÃO DAS LIDES

A crise do Estado na administração da Justiça é objeto de estudo de diversos juristas e sociólogos.

No âmbito sociológico, é analisado o fenômeno da globalização, que afeta todos os países de uma maneira similar em um ponto, qual seja, o papel a ser outorgado ao Estado.

Isso porque a crise que atinge nosso país, no contexto da atual conjuntura de transições econômico-financeiras, políticas e sociais, não consiste em crise de ordem única e exclusivamente econômica, mas também dos modelos de regulação social existentes, isto é, crise do Estado e do meio por ele utilizado para a regulação da sociedade, o Direito[1].

---

[1] ROTH, André Noël. O Direito em crise: fim do Estado Moderno? In: FARIA, José Eduardo (Coord.). *Direito e globalização econômica: implicações e perspectivas.* São Paulo: Malheiros, 1996, p. 15-27.

Pela lógica neoliberal, os Estados são compelidos a executar o que é ditado pelo mercado financeiro e este não está preocupado com o bem-estar social e com a realização da justiça, mas sim com o capital, com o lucro. Dessa forma, há uma inadequação do sistema político, que se tornou incapaz de atender às necessidades sociais, uma vez que permanece totalmente voltado aos interesses dos grandes grupos econômicos, ignorando a importância da formação de uma base social sólida, consciente de suas reais necessidades e empenhada na solução de seus problemas.

Nesse sentido, J. Dunn[2] aponta quatro rupturas com a ordem mundial passada. A primeira concerne à capacidade estatal de garantir a segurança dos cidadãos e a integridade territorial, posto que o modelo multipolar, predominante após a queda do muro de Berlim, apresenta-se muito mais complexo e instável no tocante à definição das alianças. A segunda ruptura consiste na globalização da economia: o desenvolvimento das forças econômicas em um nível mundial reduz a capacidade de coação dos Estados sobre as suas próprias economias, ou seja, os Estados estão limitados em suas políticas fiscais e intervencionistas pelas coações da competência econômica mundial. A participação do Estado em organizações internacionais, como, por exemplo, a ONU e o FMI, apresenta-se como a terceira ruptura, pois tal participação acaba por implicar a necessidade de uma gestão global de muitas questões, obrigando os Estados a coordenarem suas políticas. E, por derradeiro, aponta-se o direito internacional como a quarta ruptura, uma vez que este se institui cada vez mais como uma norma superior, que pode ser invocada pelos cidadãos.

Tais rupturas importam em uma perda da autonomia do Estado, que tem seu poder de coação reduzido, tendo que dividi-lo com forças outras, que ultrapassam o nível nacional e, na condição de subordinação que se encontra o Brasil no panorama mundial, acabam por condicioná-lo e determiná-lo. Incapaz de impor uma regulação social, e tolhido entre um nível internacional mais coercivo e um nível nacional que procura desprender-se de sua tutela, o Estado encontra-se em uma crise de legitimidade.

Segundo Boaventura de Souza Santos[3], a crise da administração da Justiça, cuja persistência somos todos testemunhas, eclodiu na década de 1960. As lutas sociais entre a burguesia e o operariado condicionaram a aceleração da

---

[2] Apud ROTH, A. N. Obra citada, p. 18-29.

[3] SANTOS, Boaventura de Souza. Introdução à sociologia da administração da justiça. In: FARIA, José Eduardo (Coord.). *Direito e Justiça: a função social do Judiciário.* São Paulo: Ática, 1989, p. 39-49.

transformação de um Estado liberal em um Estado assistencial, envolvido na administração dos conflitos entre as classes sociais, buscando a minimização das desigualdades. Houve a integração do operariado ao mercado de trabalho e, consequentemente, aos circuitos de consumo, o que implicou o fato de que os conflitos decorrentes dessas relações passaram a ser conflitos constitutivamente jurídicos, cuja resolução incumbiria aos tribunais.

Consigne-se que essa integração do operariado foi acompanhada, também, pela integração da mulher ao mercado de trabalho e aos circuitos de consumo, propiciada pela acumulação característica do período. Referida participação feminina culminou em mudanças nos padrões da família brasileira, nas relações entre cônjuges e entre pais e filhos, acarretando um acréscimo na litigiosidade no âmbito do Direito de Família.

A administração da Justiça não obteve êxito na solução da explosão de litigiosidade resultante de tais transformações.

Tal explosão, ainda, agravou-se no início da década de 1970, período de sensível recessão econômica, que fez com que o Estado diminuísse os recursos financeiros e, em contrapartida, aumentasse sua incapacidade de continuar atendendo às demandas e às providências assistenciais efetivadas no decênio anterior.

A conjuntura atual, qual seja, a da globalização, que propõe um capitalismo neoliberal, amarrando o Estado (institucional e governamental) à ordem econômica planetária e aos interesses dos grandes grupos financeiros, como já acima exposto, ampliou a ingerência do Estado na administração da Justiça, uma vez que toda a ordem jurídica brasileira está inserida na ordem econômica mundial, na qual o Brasil se encontra em uma situação de vassalagem financeira.

A passagem de um Estado liberal para um Estado assistencial e, posteriormente, para um Estado neoliberal, da maneira abrupta pela qual tais transições ocorreram no Brasil, ocasionou uma interpenetração entre o espaço público e o privado.

Nesse diapasão, verificamos, primeiramente, um Estado liberal, também denominado Estado mínimo, inserido na ótica da economia capitalista, que não interfere em esferas nas quais há a predominância de interesses exclusivamente privados, tendo como limite à estruturação do poder estatal e ao seu exercício, a proteção da liberdade individual, desde que não haja infração às normas e aos interesses estatais. Dessa forma, tal modelo de Estado objetivava justamente proteger os cidadãos de qualquer intervenção em suas vidas privadas, preconizando a autorregulação da sociedade, que pode ser observada, de maneira nítida, na teoria dos contratos, na qual se propagou, à época, o princípio do *pacta sunt servanda,* plenamente justificado pela ideologia liberal.

Referida ideologia acabou por legitimar a exploração do homem pelo homem, acentuando as desigualdades sociais, uma vez que aqueles economicamente mais fracos ficavam à mercê dos arbítrios praticados pelos mais fortes, já que não havia qualquer proteção estatal. Nessa conjuntura, iniciaram-se as pressões sociais, os movimentos sindicais, que pleiteavam a interferência do Estado a fim de que não fosse permitida a verificação de excessos nas relações particulares.

Nesse passo, assistimos a um Estado assistencial, que criou os denominados direitos sociais, regulamentou as atividades privadas, destinando-se a orientar as condutas sociais, o que acabou por tornar impossível a distinção entre o público e o privado.

Por fim, deparamo-nos, atualmente, com um Estado neoliberal, cujas intervenções mostram-se inadequadas, provocando a sua deslegitimação e ingerência na resolução dos conflitos sociais.

A crise do Estado na administração da Justiça manifesta-se pela discrepância, cada vez mais crescente, da lei com as realidades sociais, pelas dificuldades na aplicação dos programas estatais e pela confusão entre os domínios públicos e privados, e indica que os meios econômicos, sociais e jurídicos de regulação social não mais têm eficácia.

O Estado não é mais capaz de impor soluções, nem tampouco de atender às demandas que lhe são postas, o que provoca reflexões acerca de novas práticas tanto nos âmbitos administrativo e político, como no jurídico.

Nesse sentido, diversos autores apontam o desenvolvimento de um direito reflexivo como uma nova maneira de disciplinar a sociedade. Tal direito, consistente em um direito preconizado por ajustes e negociações, atribuiria ao Estado e ao Direito o papel de guia e não de direção das relações sociais.

Para Helmut Wilke[4], um dos precursores do direito reflexivo:

> *a progressiva complexidade das relações sociais impede que estas sejam reguladas apenas com os instrumentos tradicionais de coação, sobeja-*

[4] Apud ROTH, A. N. Obra citada, p. 22.

*mente singelos, baseados sobre o poder e o dinheiro, inadaptados à evolução social; o direito reflexivo tem como fundamento o saber.*

*Na realidade, a estrutura jurídica deste direito tem dois níveis: um de formulação de fins e outro que inclui disposições que permitem decisões dedutivas e descentralizadas, consistindo este segundo nível na principal inovação em termos de obtenção de uma solução para a atual crise do Estado na solução das lides.*

Assim, para o direito reflexivo, o papel do Estado e do Direito limitar-se-ia, por um lado, a dar indicações quanto ao conteúdo das regras e, por outro lado, a controlar a conformidade dos procedimentos de negociações.

Outra questão também analisada pela Sociologia, no tocante à administração da Justiça, consiste no exame dos conflitos sociais e nos mecanismos de sua resolução.

Conforme ensinamentos de Boaventura de Souza Santos:

*... os estudos realizados pela antropologia social, como os de Evens Pritchard no Sudão, de Gulliver e Sally Moore na África Oriental, de Gluckman e Van Velsen na África Central e Austrália, de Bohannan na África Ocidental, entremostraram diferentes estruturas de direito e de padrões de vida jurídica, diferentes das estruturas existentes nas sociedades civilizadas. Mostraram direitos com baixo grau de abstração, discerníveis apenas na solução concreta de litígios particulares, direitos com pouca ou nula especialização em relação às restantes atividades sociais, mecanismos de resolução dos litígios caracterizados pela informalidade, rapidez, participação ativa na comunidade, conciliação e mediação entre as partes, através de um discurso jurídico retórico, persuasivo (...).*

*Muitos foram os estudos que se seguiram, tendo por unidade de análise o litígio (e não a norma) e por orientação teórica o pluralismo jurídico, orientados para a análise de mecanismos de resolução jurídica informal de conflitos existentes nas sociedades contemporâneas à margem do direito estatal e dos tribunais oficiais.*[5]

---

[5] SANTOS, B. de S. Obra citada, p. 53-54.

As reformas que visam à criação de alternativas constituem hoje uma das áreas de maior inovação na política judiciária. Elas objetivam criar, em paralelo à administração da Justiça convencional, novos mecanismos de resolução de litígios, cujos traços constitutivos têm grande semelhança com os originalmente estudados pela Antropologia e pela Sociologia do Direito, com vista à obtenção de soluções mediadas entre as partes[6].

Também a ciência jurídica tem analisado e preocupado-se cada vez mais com a morosidade da Justiça e a ausência da efetividade do processo. O Direito, que deveria assegurar as garantias mínimas da população e promover a pacificação dos conflitos sociais, não o consegue por causa de um Judiciário vagaroso. Atravessamos, atualmente, uma profunda crise que gera a desestruturação do Estado e da sociedade. O Poder Judiciário acaba acumulando processos, gastando o dinheiro público e não solucionando, de maneira eficaz, as demandas sociais.

A falta de agilidade e a ineficiência do Judiciário põem em risco o acesso à Justiça, assegurado pela Constituição. E, como bem consignou Rui Barbosa, a justiça protelada é a negação da justiça.

Nesse sentido, a lição de Ada Pellegrini Grinover:

> *... é preciso reconhecer um grande descompasso entre a doutrina e a legislação de um lado, e a prática judiciária, do outro. Ao extraordinário progresso científico da disciplina não correspondeu o aperfeiçoamento do aparelho judiciário e da administração da Justiça. A sobrecarga dos tribunais, a morosidade dos processos, seu custo, a burocratização da Justiça, certa complicação procedimental; a mentalidade do juiz, que deixa de fazer uso dos poderes que o Código lhe atribui; a falta de informação e de orientação para os detentores dos interesses em conflito; as deficiências do patrocínio gratuito, tudo leva à insuperável obstrução das vias de acesso à Justiça, e ao distanciamento cada vez maior entre o Judiciário e seus usuários. O que não acarreta apenas o descrédito na magistratura e nos demais operadores do direito, mas tem como preocupante conseqüência a de incentivar a litigiosidade latente, que freqüentemente explode em conflitos sociais, ou de buscar vias alternativas violentas ou de qualquer modo inadequadas (desde a Justiça de mão própria, passando por intermediações arbitrárias e de prepotência, para chegar aos "justiceiros").*

---

[6] Idem. Ibidem, p. 55.

*Acresça-se a tudo isso que os esquemas processuais tradicionais, ainda que satisfatórios para acudir a um sistema capitalista e burguês, que antepunha face a face os clássicos detentores de interesses individuais, seriam de qualquer modo inadequados para a solução dos conflitos emergentes em uma sociedade de massa, em que se despontam interesses metaindividuais (os denominados "interesses difusos") e interesses economicamente menores, mas que se multiplicam numa estrutura de intensa interação social (as denominadas "pequenas causas"). E teremos, a completar o quadro angustiante de uma Justiça lenta, cara, complicada, burocratizada e inacessível até para os conflitos tradicionais, a pincelada dramática da falta de resposta processual para os conflitos próprios de uma sociedade de massa.*

*É evidente, nesse enfoque, a nova visão que demanda a questão da autocomposição, da heterocomposição e do processo...*[7]

Segundo dados do Conselho Nacional de Justiça, no ano de 2006[8], no primeiro grau de jurisdição da Justiça Estadual, em média, no Brasil, houve o ingresso de 1.244 (mil duzentos e quarenta e quatro) casos novos para cada magistrado, o que representa, também, mais de 5.000 (cinco mil) casos novos a cada grupo de 100.000 (cem mil habitantes).

Há menos de 5 (cinco) magistrados para cada 100.000 (cem mil) habitantes e a taxa de congestionamento monta ao percentual de 79,92%.

A sobrecarga dos fóruns e tribunais faz com que o Estado não consiga prestar um serviço que reúna as mínimas aspirações da sociedade. Muito embora essas aspirações sejam garantidas por lei, para os cidadãos, a Justiça não cumpre sua função primordial e é vista como inoperante.[9]

A lentidão provocada pelo excesso de causas, a complexidade das matérias objeto das demandas judiciais, a rigidez em excesso das normas processuais e o abuso dessa situação pelos advogados, a degradação na qualidade das

---

[7] GRINOVER, Ada Pellegrini. *Novas tendências do Direito Processual.* Rio de Janeiro: Forense Universitária, 1990, p. 177.

[8] Disponível na Internet via http://serpensp2.cnj.gov.br/justica_numeros_4ed/RELATORIO_JN_2006.pdf. Acesso em 28.7.2008, às 21h21.

[9] CAIVANO, Roque J.; GOBBI, Marcelo; PADILLA, Roberto E. *Negociación y mediación – Instrumentos apropriados para la abogacía moderna.* Buenos Aires: Ad-Hoc, 1997, p. 31.

decisões são fatores que geram a insatisfação dos interesses dos cidadãos, um dos efeitos mais visíveis da crise da Justiça.[10]

Nas palavras de Warren E. Burger[11], *"nosso sistema (de administração da justiça) é excessivamente oneroso, excessivamente doloroso, excessivamente destrutivo, excessivamente ineficiente para um povo verdadeiramente civilizado"*.

Consciente do problema, de alta complexidade, o próprio Poder Judiciário vem procurando novas alternativas para obter uma resposta, procedendo à legitimação de meios alternativos de resolução de disputa, de mecanismos extrajudiciais de resolução das lides, como a arbitragem, e incentivando a prática de procedimentos mais ágeis e menos formalistas, como é o caso dos Juizados Especiais e dos Juizados Informais de Conciliação.

Ressalte-se que a ingerência e a ineficácia estatais, no que concerne às controvérsias que versam sobre o Direito de Família, evidenciam-se ainda mais graves.

Isso porque os conflitos familiares têm como essência a afetividade, os sentimentos, a psique dos sujeitos, que transpassam as inter-relações. O Direito de Família é a tentativa de organização das relações de afeto, do desejo e das relações econômicas aí envolvidas.

Nesse sentido, o mecanismo utilizado pelo Estado, ignorando que a subjetividade permeia todas as relações de Direito de Família, tratando-as como se fossem determinadas apenas pelo mundo da objetividade, não se mostra apto para dirimir as controvérsias familiares.

Por isso, a sentença judicial, resultado de um exame apenas dos fatos suscitados e corroborados nos autos, mostra-se insuficiente para que seja dirimida a lide. É certo que de nada adianta a prestação da tutela jurisdicional se esta se mostrar totalmente inócua para a satisfação da demanda colocada perante o Estado para ser solucionada.

Os próprios magistrados, aos quais foi incumbida a complexa tarefa de julgar, frequentemente, indagam-se sobre a sua atuação na resolução dos conflitos familiares, pois por mais dedicados e sensíveis que sejam, os juízes de direito têm uma formação unidisciplinar, própria ao conhecimento das leis, ao Direito em si, não conseguindo transcender os limites de sua formação.[12]

---

[10] CAIVANO, R. J.; GOBBI, M.; PADILLA, R. E. Obra citada, p. 30-38.

[11] Apud CAIVANO, R. J.; GOBBI, M.; PADILLA, R. E. Obra citada, p. 30.

[12] GANANCIA, Danièle. Justiça e mediação familiar: uma parceria a serviço da co-parentalidade. *Revista do Advogado.* São Paulo: Associação dos Advogados de São Paulo, n. 62, p. 7-15, mar. 2001.

Ademais, a própria explosão de litigiosidade na área de Direito de Família, ocasionada pelas diversas transformações ocorridas principalmente nas três últimas décadas, consistiu em um aumento de demandas ao qual o Judiciário mostra-se incapaz de atender de forma efetiva.

As consequências, todos nós, constantemente, presenciamos: disputas intermináveis na esfera judicial, decisões habitualmente transgredidas, desaguando no Judiciário na forma de novas lides, e a ineficiência do Judiciário na pacificação dos conflitos.

Todos esses fatos levam-nos a refletir acerca da garantia constitucional de acesso à Justiça, prevista no artigo 5º, inciso XXV, da Lei Maior. Tal dispositivo, com certeza, não corresponde ao simples direito do jurisdicionado de bater às portas do Judiciário e dele obter uma resposta simples, fria e inapta. Significa sim o direito de obter uma tutela efetiva, de obter a pacificação do conflito causado pela lesão ou ameaça de seu direito.

Assim, tendo em vista a ingerência do Estado na resolução dos conflitos, em especial aqueles que versam sobre matéria de Direito de Família, faz-se preciso buscar outros métodos para a pacificação de tais disputas.

Consigne-se, por oportuno, que há a necessidade de utilização de um meio de auxílio na tarefa de dirimir as lides familiares, sem, contudo, relegar os princípios gerais ou acarretar um rompimento que venha a desestabilizar instituições a ponto de prejudicar os jurisdicionados. Isso porque, por mais que venha a sofrer a ingerência estatal, a família representa a base da sociedade, razão pela qual merece especial proteção do Estado[13].

---

[13] SLHESSARENKO, Amanda Zoë. *Uma visão sobre a guarda de menor e direito de visita na sociedade contemporânea.* Dissertação (Mestrado em Direito) – Universidade de São Paulo, São Paulo, 2001, p. 155.

# CAPÍTULO II
# MEIOS ALTERNATIVOS DE RESOLUÇÃO DE CONTROVÉRSIAS

## 1. A JURISDIÇÃO E SEUS ESCOPOS

Ao conceituar-se *processo*, frequentemente, é afirmado que este é um instrumento, um meio.

No entanto, quais são os reais fins para os quais o instrumento, o meio processo se presta?[14]

A jurisdição é uma função do Estado mediante a qual este se substitui aos titulares dos interesses em conflito para buscar a pacificação do conflito que os envolve com justiça.[15] A jurisdição corresponde, assim, a um dos fins do próprio Estado, que é disciplinar a sociedade.

---

[14] DINAMARCO, Cândido Rangel. *A instrumentalidade do processo.* São Paulo: Revista dos Tribunais, 1990, p. 206.

[15] CINTRA, Antônio Carlos de Araújo; GRINOVER, Ada Pellegrini; DINAMARCO, Cândido Rangel. *Teoria Geral do Processo.* São Paulo: Malheiros, 2000, p. 129.

A tendência universal no que se refere aos escopos do processo e ao exercício da jurisdição é o abandono de fórmulas exclusivamente jurídicas. Faz-se necessário ir além dos objetivos somente jurídicos da jurisdição, é forçoso também se ter em vista as tarefas que lhe cabem perante a sociedade e o Estado. Não se fala em somente um único escopo. Doutrina Cândido Rangel Dinamarco[16] que há escopos sociais, políticos e jurídicos.

Na lição do autor supracitado, o escopo social fundamental é a pacificação dos conflitos de interesses com justiça. A vida em sociedade gera insatisfações, tendo em vista que infinitos são os interesses e finitos são os bens objetos desses interesses. Quando nos deparamos diante de tais conflitos, caracterizados por uma pretensão resistida, estamos diante de conflitos de interesses. São essas insatisfações que justificam toda a atividade jurídica estatal e é a eliminação dessas insatisfações que confere legitimidade ao Estado.

Contudo, o escopo social de pacificação dos conflitos não é alcançado apenas através da prolação de decisões quaisquer, nas quais não se encontra o valor justiça. O escopo social do processo é a eliminação dos conflitos por critérios justos.

Outro escopo social indicado pelo autor e inserido no escopo da pacificação dos conflitos de interesses com justiça é o da educação da sociedade, conscientizando cada um de seus membros sobre seus direitos e obrigações. A falta de acesso ao Poder Judiciário, seja por desinformação ou por descrença, acarreta uma litigiosidade contida, que se desdobra em tentativas de resolução das controvérsias por meios outros, de fazer-se "justiça com as próprias mãos", em manifestações de violência e no exercício da autotutela vedada em lei.

Já o escopo político corresponde, na lição do mestre, à afirmação da capacidade estatal de decidir imperativamente os conflitos de interesses, sem a qual não se sustentaria o Estado e nem teria como chegar aos fins que o legitimam, assegurando a liberdade e a participação dos indivíduos na sociedade política. A jurisdição é o próprio poder do Estado, que é exercido almejando os seus objetivos institucionais e a sua manutenção como superestrutura da sociedade.

E, por derradeiro, o escopo jurídico consiste na atuação da vontade concreta do Direito. Diz-se vontade concreta do Direito e não da lei. Isso porque, em casos de formar-se um abismo demasiadamente profundo entre o texto da lei e a realidade, e as verdadeiras necessidades dos jurisdicionados, perde legitimidade

[16] DINAMARCO, C. R. Obra citada, p. 206-316.

a lei. Salienta Cândido Rangel Dinamarco que a sujeição do juiz não se traduz em culto servil às letras da lei, mas sim aos princípios do Direito, à Justiça.

A tutela só será efetiva se o processo, realmente, for adequado àquela determinada realidade social a qual ele será aplicado.

O escopo jurídico, assim, não corresponde somente ao estabelecimento de regras que disciplinem as lides e que deem a solução a cada uma delas em concreto. A regra já existia, cabe dar-lhe efetividade, promover a sua atuação. E a vontade concreta da norma deve ser descoberta através da observação do social agindo sobre o jurídico.

No entanto, como já explicitado no capítulo anterior, a jurisdição não atinge seus escopos. O Estado não consegue atingir a pacificação social, não é capaz de dirimir as lides imperativamente, nem tampouco de promover a atuação da vontade concreta do Direito, com a eficácia esperada. Face à sua limitação de recursos, o Estado não logrará êxito na consecução de seus escopos sem servir-se de outros instrumentos ou sem que delegue determinadas atividades.

As lides preexistem à jurisdição, portanto, a jurisdição deve estar adequada ao tipo e à medida das lides que lhe são postas e não o contrário. A jurisdição deverá ser uma instituição destinada a prover respostas adequadas aos conflitos de interesses. Perene é o conflito e, mutável, para a ele se adequar, é a jurisdição[17].

Os conflitos são multidisciplinares, não somente jurídicos, e é preciso levar em conta essa multidisciplinaridade, sob pena de não se realizar o julgamento de uma determinada situação em sua realidade.

E, é nesse âmbito, a fim de adicionar a dimensão social ao Estado de Direito, que se encontram os denominados meios alternativos de resolução de controvérsias.

## 2. MEIOS ALTERNATIVOS DE RESOLUÇÃO DE CONTROVÉRSIAS

As soluções alternativas de resolução de controvérsias representam o oferecimento de meios de solução quando esta solução se der através de um método comunicacional e proporcionado fora do Judiciário.[18]

---

[17] CIOCHETTI, Itamar Barros. *A ação de constituição de compromisso arbitral.* Dissertação (Mestrado em Direito) – Universidade de São Paulo, São Paulo, 2000, p. 14.

[18] CIOCHETTI, I. B. Obra citada, p. 7-8.

A classificação dos meios alternativos de solução de controvérsias tem origem no conceito de equivalentes jurisdicionais de Carnelutti, nos quais estão inclusos o processo estrangeiro e o eclesiástico, a conciliação e o compromisso. O conceito pautava-se no critério da falta de atuação do juiz público. O desenvolvimento das categorias de conciliação e compromisso culminou no conceito de métodos alternativos que temos atualmente.

Os meios alternativos compreendem a conciliação, a mediação, a arbitragem, a transação, o *private judging*, o *mini trial*, dentre diversos outros. Já foram catalogados mais de 40 (quarenta) meios alternativos.

Cumpre consignar o significado de meios alternativos de resolução de controvérsias. A sigla *ADR (Alternative Dispute Resolution)* foi, inicialmente, utilizada nos Estados Unidos e, posteriormente, difundida em vários países para designar todos os processos de resolução de disputas sem a intervenção de autoridade judicial[19].

Entretanto, há uma impropriedade nessa concepção americana, no que diz respeito à designação alternativa. Por que alternativa? Tem-se que o meio normal seria o judicial. Contudo, ao observarmos a cultura jurídica europeia, por exemplo, verificamos que o meio alternativo é o judicial. Apenas uma pequena parcela dos conflitos sociais deságuam no Poder Judiciário. A maioria dos conflitos são resolvidos fora do Judiciário, que corresponde ao último recurso de solução[20].

Poder-se-ia dizer que o fato de ser alternativa e implicar a atribuição de certo poder decisório ou de condução da solução a pessoas que não são representantes do Estado afronta o princípio da inafastabilidade da jurisdição. No entanto, os meios alternativos são disciplinados pelo Estado, que mantém um controle sobre eles. A regulamentação das atividades é feita pelo Estado, seja quanto à forma, ao conteúdo e aos efeitos. Assim, os meios alternativos são instrumentos auxiliares no alcance do escopo estatal de pacificação dos conflitos com justiça[21]. Ademais, as partes podem, sempre, optar pelo meio judicial para a resolução de seus conflitos.

A utilização dos métodos alternativos não deve ser entendida como uma forma de desabonar o Poder Judiciário, nem relegar a importância que lhe

---

[19] SERPA, Maria de Nazareth. Mediação e novas técnicas de dirimir conflitos. In: PEREIRA, Rodrigo da Cunha (Coord.). *Repensando o Direito de Família – Anais do I Congresso Brasileiro de Direito de Família.* Belo Horizonte: Del Rey, 1999, p. 357-358.
[20] Idem. Ibidem, p. 358.
[21] CIOCHETTI, I. B. Obra citada, p. 9-10.

cabe em um Estado Democrático de Direito. Tais métodos devem ser concebidos como meios complementares e cooperativos ao Poder Judiciário, que permitem a satisfação dos interesses dos cidadãos de forma efetiva, e aliviar, em certa medida, o problema da sobrecarga dos tribunais. São métodos que priorizam a celeridade, a informalidade, a economia e a confidencialidade.[22]

Atualmente, indica-se que os meios alternativos de resolução de controvérsias representam a nova tendência universal para o processo no terceiro milênio. As cortes estatais de justiça, hoje, já não são os únicos foros para a resolução dos conflitos e para a busca da satisfação das pretensões, principalmente em razão da lentidão na prestação da tutela pelo Estado e de seus altos custos.[23]

Os meios alternativos de resolução de controvérsias podem ser classificados de acordo com a manutenção ou não do poder decisório dos sujeitos que se encontram em uma disputa. Assim, os meios de resolução nos quais os sujeitos mantêm o poder de solucionar as controvérsias são denominados meios autocompositivos, enquanto os meios nos quais o poder de solução é recebido ou conferido a um terceiro são chamados de heterocompositivos.[24]

Realizadas tais considerações, passamos a conceituar e distinguir a mediação de outros meios alternativos, a fim de evitar confusões entre os institutos.

## 2.1. A mediação

A origem semântica da palavra mediação vem do latim, do verbo *mediare*, que quer dizer intervir ou colocar-se no meio.

Eliana Riberti Nazareth, sintetizando as diversas correntes mais aceitas, conceitua mediação como sendo *"um método de condução de conflitos, aplicado por um terceiro neutro e especialmente treinado, cujo objetivo é restabelecer a comunicação produtiva entre as pessoas que se encontram em um impasse, ajudando-as a chegar a um acordo, se esse for o caso"*.[25]

---

[22] CAIVANO, R. J.; GOBBI, M.; PADILLA, R. E. Obra citada, p. 20-22.

[23] FIGUEIRA JUNIOR, Joel Dias. *Arbitragem, jurisdição e execução.* São Paulo: Revista dos Tribunais, 1999, p. 119.

[24] CIOCHETTI, I. B. Obra citada, p. 18.

[25] NAZARETH, Eliana Riberti. Psicanálise e mediação – Meios efetivos de ação. *Revista do Advogado.* São Paulo: Associação dos Advogados de São Paulo, n. 62, p. 55, mar. 2001.

Pode-se dizer que a mediação é uma negociação (das partes) assistida (pelo mediador).

Trata-se, portanto, de um processo informal, fundamentado na autodeterminação das partes, no qual o terceiro interventor as auxilia a encontrar a solução para as suas disputas.[26]

Assim, cuida-se a mediação de um meio autocompositivo de resolução de controvérsias.

A mediação não é uma forma nova de resolução de controvérsias. É uma prática milenar utilizada consoante à cultura que o adota.

Na lição de Maria de Nazareth Serpa[27], a primeira civilização a utilizar-se da prática da mediação foi a chinesa. Nessa civilização, a mediação teve suas bases na filosofia de Confúcio e como primordial princípio a moralidade. Para os chineses, quando pessoas estão em conflito e utilizam-se dos tribunais para solucioná-lo, em vez de tentarem negociar, estão agindo contrariamente à moral e aos bons costumes.

No entanto, o que se objetiva, realmente, com a mediação, não é apenas evitar uma demanda judicial com a obtenção de um acordo qualquer, mas sim a obtenção de um acordo que, efetivamente, atenda às necessidades e aos interesses das partes.

A mediação passou a ser mais intensa e metodicamente estudada nos Estados Unidos, a partir da década de 1970, na tentativa de buscar-se outros meios, mais efetivos, para as soluções de controvérsias que eram postas perante o Poder Judiciário americano.

De acordo com a natureza do conflito, a mediação pode ser comercial, penal, trabalhista, familiar – que é o objeto do presente estudo e será mais adiante detalhada – dentre outras.

## 2.2. A arbitragem

Na lição de Carlos Alberto Carmona, consiste a arbitragem em *"uma técnica para solução de controvérsias através da intervenção de uma ou mais*

---

[26] SERPA, M. de N. Obra citada, p. 360.

[27] Idem. Ibidem, p. 365-366.

*pessoas que recebem seus poderes de uma convenção privada, decidindo com base nesta convenção, sem intervenção do Estado, sendo a decisão destinada a assumir eficácia de sentença judicial".*[28]

No ordenamento jurídico brasileiro, a arbitragem é disciplinada pela Lei nº 9.307/96, que possibilita a utilização do instituto para dirimir controvérsias que versem sobre direitos patrimoniais disponíveis. Nos termos do artigo 31 da referida lei, o laudo arbitral produz, entre as partes e seus sucessores, os mesmos efeitos da sentença proferida pelos órgãos do Poder Judiciário e, sendo condenatória, constitui título executivo.

A arbitragem é, portanto, um meio heterocompositivo, posto que as partes outorgam a um terceiro (o árbitro), o poder decisório da controvérsia, e a decisão proferida pelo árbitro, obrigatoriamente, deve ser cumprida pelas partes, sob pena de execução pela via judicial.

Na mediação, o mediador auxilia as partes a compreenderem suas controvérsias e a negociarem para a obtenção de um acordo. A solução, assim, não é obrigatória e deve ser aceita pelas partes. Já na arbitragem, o árbitro, ao proferir sua decisão, dirime a lide de forma impositiva, vinculando os interessados.[29]

É possível até que, dentro do procedimento de arbitragem, as partes resolvam criar um procedimento de mediação, conforme prevê, por exemplo, o Regulamento da Câmara Brasileira de Mediação e Arbitragem[30]. Nesses casos, há previsão para a suspensão do processo de arbitragem, caso as partes optem pela mediação, bem como a fixação de prazo máximo para duração da mediação, prazo que pode ser estendido se as partes assim concordarem. Em não sendo alcançada a composição, a arbitragem segue seu procedimento comum.

Assim, a principal distinção entre a mediação e a arbitragem consiste em que a primeira é meio autocompositivo, enquanto a segunda é meio heterocompositivo de solução de controvérsia.

---

[28] CARMONA, Carlos Alberto. *A arbitragem no processo civil brasileiro.* São Paulo: Malheiros, 1993, p. 19.
[29] Idem. Ibidem, p. 20.
[30] O Regulamento da Câmara Brasileira de Mediação e Arbitragem foi consultado através da Internet. Disponível em http://www.arbitro-juiz.org.br. Acesso em 12.1.2002, às 12h35.

## 2.3. A conciliação

Tanto a conciliação como a mediação são meios autocompositivos, nos quais terceiros imparciais e bilaterais comuns tentam obter das partes um consenso em relação à controvérsia.

No entanto, o conciliador, durante o procedimento de conciliação, tenta convencer uma das partes a aceitar a proposta da outra e, caso isso não ocorra, ele próprio formula soluções, tentando fazer com que as partes aceitem essas soluções.

Já o mediador, utilizando-se de determinadas técnicas, trabalha mais o conflito, auxilia as partes a esclarecerem os pontos da disputa, fazendo com que elas próprias possam encontrar a solução para a controvérsia.

O mediador ouve as partes para descobrir quais são as suas reais necessidades, ajudando-as a encontrar soluções que satisfaçam aos mútuos interesses. Nada impede que o mediador informe as partes sobre as opções possíveis, apresente opções utilizadas em casos semelhantes e faça sugestões.[31] Todavia, o mediador trabalha mais com formulações de hipóteses do que propriamente de soluções, fazendo às partes questões como "o que aconteceria se...", "se, por hipótese..." etc.

Dessa forma, a não ser quando as partes (que são as verdadeiras donas do processo de mediação) assim solicitarem, o mediador não formula soluções, apenas oferece opções, enquanto o conciliador apresenta uma solução e tenta persuadir as partes a aderirem a ela.

---

[31] CAIVANO, R. J.; GOBBI, M.; PADILLA, R. E. Obra citada, p. 48.

# CAPÍTULO III
# A MUDANÇA DE PARADIGMA NO DIREITO DE FAMÍLIA: DA PATRIMONIALIDADE À AFETIVIDADE

O conceito de família transforma-se através dos tempos, pois está atrelado aos padrões sociais e culturais de cada época e de cada povo. E o Direito deve acompanhar essas mudanças.

Como salienta Sérgio Grischkow Pereira:

*A sociologia e a história mostram a família como entidade mutável e nem poderia ser diferente, pois a família não é supra cultural ou algo fora da história. A família sempre mudou através dos tempos e continuará a se modificar. Grandes transformações socioeconômicas alteram as estruturas familiares e criam novas formas e modalidades, que precisam ser acatadas pela legislação, de molde a evitar um grave descompasso entre o Direito de Família e a realidade familiar da população.*[32]

Por isso, como propugna Marcial Barreto Casabona, mister analisarmos o Direito de Família não somente do ponto de vista do direito positivo, de modo dogmático, mas sim de maneira zetética, considerando, também, os aspectos interdisciplinares que o traspassam.[33]

Nas três últimas décadas, ocorreram relevantes mudanças na sociedade e nos valores morais, tais como a urbanização; a emancipação feminina e a participação da mulher no mercado de trabalho, o que acarretou o surgimento da família de dois assalariados; a possibilidade da dissolução do vínculo matrimonial pelo divórcio; a liberdade pessoal e sexual; a evolução da engenharia genética e a existência de métodos contraceptivos, ocasionando a dissolução do vínculo entre casamento, sexo e reprodução etc.

Referidas mudanças repercutiram na família, que se alterou: de um modelo patriarcal, de uma unidade proposta a fins econômicos, reprodutivos, políticos, culturais e religiosos, passou para o modelo eudemonista[34], no qual cada um busca, na própria família ou por meio dela a sua própria realização, o seu próprio bem-estar, a sua felicidade. Asseveram Maria Berenice Dias e Giselle Groeninga[35] que a função básica da família é a de propiciar a segurança para que seus membros possam estruturar a sua personalidade, desenvolver suas identidades, inclusive a sexual, prover seus recursos pessoais, afetivos e relacionais intelectuais, pautados no respeito às suas diferenças.

Anteriormente, em razão do interesse estatal na manutenção do casamento, só a conjugalidade derivada do casamento válido era reconhecida como família. O casamento era indissolúvel, o regime de bens era o da comunhão universal e a unidade familiar era identificada pelo nome do marido.

---

[32] PEREIRA, Sérgio Grischkow. Concubinato-União estável. In: PEREIRA, Rodrigo da Cunha (Coord.). *Repensando o Direito de Família – Anais do I Congresso Brasileiro de Direito de Família.* Belo Horizonte: Del Rey, 1999.

[33] CASABONA, Marcial Barreto. *Direito de família.* Disponível na Internet via: http://www.emporiodosaber.com.br/ci/colunas/estante/Coluna_Direito_Família. Acesso em 12.1.2002, às 13h.

[34] VILLELA, João Baptista. *Liberdade e família.* Monografia (Pós-Graduação em Direito) – Universidade Federal de Minas Gerais, Belo Horizonte, 1990.

[35] DIAS, Maria Berenice; GROENINGA, Giselle. A mediação no confronto entre direitos e deveres. *Revista do Advogado.* São Paulo: Associação dos Advogados de São Paulo, n. 62, p. 60, mar. 2001.

Ocorre que a família, como fato social que é, forma-se por outras maneiras, além daquelas previstas pelo legislador.

O desenvolvimento social e cultural culminou na existência de diversas espécies de família: a matrimonial, a concubinária, a monoparental e a tão polêmica família homossexual.

Com o advento da Lei nº 6.515/77, a dissolução do casamento tornou-se possível, prevendo-se, também, os regimes de bens da separação total e o da comunhão parcial de bens e a adoção deste último como regime legal.

A Constituição Federal de 1988 procedeu à assunção de novos modelos, representando o canto do cisne da família patriarcal. Em seu artigo 226, § 3º, reconheceu como entidade familiar a união estável entre o homem e a mulher, que, posteriormente, foi disciplinada pela Lei nº 8.971/94. O parágrafo 4º do dispositivo constitucional retromencionado legitimou, também, a família monoparental, consignando consistir em entidade familiar a comunidade formada por qualquer dos pais e seus descendentes.

Além disso, a Carta Magna trouxe modificações ao Direito de Família, consagrando a igualdade entre homens e mulheres no exercício dos direitos e deveres referentes à sociedade conjugal (art. 226, § 5º), a possibilidade de dissolução do vínculo matrimonial após dois anos de separação de fato, sem a necessidade da existência de culpa de um dos cônjuges (art. 226, § 6º), a liberdade do casal para o planejamento familiar (art. 226, § 7º), a eliminação da distinção entre os filhos concebidos dentro e fora do casamento, proibindo-se qualquer discriminação entre eles (art. 227, § 6º).

Conforme assevera Marcial Barreto Casabona, houve uma priorização de cada um dos elementos da família:

> *Pela primeira vez, uma Constituição preocupa-se com a família não só como base da sociedade, mas também com os direitos pessoais de cada um de seus integrantes, enquanto sujeitos de direitos, fundada esta proteção nos direitos humanos de primeira e segunda geração, e especialissimamente, no princípio da dignidade humana previsto no artigo primeiro, inciso II, princípio este que os constitucionalistas reputam um super princípio, a regra de todas as regras, a que devem obedecer seja o legislador constitucional, seja o ordinário.*[36]

---

[36] CASABONA, M. B. Obra citada.

Houve uma repersonalização das relações familiares, relegando-se o patrimônio a um plano secundário.

O Código Civil de 2002 recepcionou várias dessas mudanças, regulamentando o conteúdo dos direitos constitucionais, voltando-se mais à identificação do vínculo afetivo, contrariamente ao de 1916, patrimonialista e individualista.

Ocorreu uma mudança do paradigma do Direito de Família, que passou a ser a afetividade.

Segundo ensina Rodrigo da Cunha Pereira, *"por mais que consideremos o casamento como um contrato (negócio jurídico), o seu ingrediente fundamental é o amor. Este está para o Direito de Família assim como o acordo de vontades está para o direito das obrigações"*.[37]

Ainda, na lição de Pietro Perlingieri:

> *A família não é uma pessoa jurídica, nem pode ser concebida como um sujeito com direitos autônomos: ela é a formação social, lugar-comunidade tendente à formação e ao desenvolvimento da personalidade de seus participantes; de maneira que exprime uma função instrumental para a melhor realização dos interesses afetivos e existenciais de seus componentes. As "razões de família" não têm autonomia em relação às razões individuais.*[38]

Nesse sentido, valorizam-se, atualmente, os vínculos afetivos que a família significa. Família é a união das pessoas por vínculos de afeto. O direito moderno afasta-se dos critérios de biologização como caracterizadores exclusivos e essenciais da família[39].

Em razão da valorização das relações afetivas, estão na ordem do dia discussões acerca da atribuição da guarda de filhos observando-se o melhor interesse da criança, como previsto pelo Novo Código Civil, da desbio-

---

[37] PEREIRA, Rodrigo da Cunha. Direito de Família e Psicanálise-Uma prática interdisciplinar. *Revista do Advogado.* São Paulo: Associação dos Advogados de São Paulo, n. 62, p. 16-24, mar. 2001.

[38] PERLINGIERI, Pietro. *Perfis do direito civil: introdução ao direito civil constitucional.* Rio de Janeiro: Renovar, 1997, p. 179.

[39] CASABONA, M. B. Obra citada.

logização da paternidade e da família socioafetiva, das uniões homoafetivas, dentre outras.

Em suma, é indubitável o reconhecimento do afeto como a nova base de valor do Direito de Família.

E, como ensina Silvana Maria Carbonera, *"examinar o papel jurídico do afeto nas relações de família significa estudar um dos elementos sustentadores do modelo de família consagrado pela Constituição Federal"*.[40]

O afeto sempre esteve presente nas relações familiares. O que se observou foi a mutação da noção e da posição ocupada pelo afeto nas famílias patriarcal e na eudemonista. Se naquela ele era presumido, em razão do vínculo jurídico dar a certeza da existência de uma família, nesta ele é um dos elementos que dá aparência e continuidade às relações de família.[41]

Assim, é imprescindível a verdadeira compreensão do conflito familiar que é posto em juízo para que o mesmo seja, efetivamente, pacificado e não apenas resolvido por uma sentença.

É preciso considerar a subjetividade de tais relações, haja vista que aquela é o fundamento dessas. E, para entendermos a subjetividade que caracteriza as relações jurídicas de Direito de Família, é necessário buscar amparo em outros campos do conhecimento. É indispensável a adoção de outros instrumentos além dos inadequados recursos jurídico-processuais hoje existentes.

Guilherme Gonçalves Strenger ressalta

> *... a necessidade dos estudos jurídicos serem alicerçados com subsídios multidisciplinares. Ao enfocar as transformações do modelo sociológico da família, situa como um dos elementos a serem considerados a rejeição da mística tradicional da família. O indivíduo não existe mais para a família e para o casamento, mas a família e o casamento existem para o seu desenvolvimento pessoal e individual. Existe um direito à felicidade que vai autorizar rejeitar um casamento desastroso em busca de uma união que favoreça o desen-*

---

[40] CARBONERA, Silvana Maria. O papel jurídico do afeto nas relações de família. In: PEREIRA, Rodrigo da Cunha (Coord.). *Repensando o Direito de Família – Anais do I Congresso Brasileiro de Direito de Família.* Belo Horizonte: Del Rey, 1999, p. 507-508.

[41] SANTOS, Lia Justiniano. Uma reflexão necessária: conflitos familiares e o exercício da advocacia. *Revista do Advogado.* São Paulo: Associação dos Advogados de São Paulo, n. 62, p. 36-37, mar. 2001.

*volvimento de sua personalidade e que preencha suas aspirações de felicidade.*[42]

O Direito comporta inter-relações conteudísticas. Como assevera Marcos Antônio Paiva Colares, as relações familiares integram o âmbito de estudo de diversos saberes acadêmicos, devendo-se, sim, proceder à perquirição da apreensão conjuntural desse objeto, o que raramente ocorre. Nas palavras do autor:

> *... isso, em parte, se dá em razão de uma certa fleuma durkheimeana de alguns cientistas, que, apesar de falarem na inter-relação do conhecimento humano, defendem ardorosamente seus feudos intelectuais.*
>
> *Para alguns, a combinação entre Direito e Psicanálise é "coisa de exóticos". (...) É dito que o Direito "serve-se" dos outros saberes (exemplo disso são as perícias, os pareceres), mas poucas vezes despe-se da sua vaidade de pseudociência nomotética e materializa ações interdisciplinares.*[43]

A interligação do Direito de Família com outras ciências e conhecimentos pode conferir-lhe uma maior integração com a sociedade e aproximá-lo da efetivação da justiça.

Urge dispormos de instrumentos mais hábeis e eficazes do que a simples disputa judicial, para a solução dos conflitos familiares.

Nesse passo, a mediação apresenta-se como um meio eficiente, pois consiste em um método que se apoia em diversos campos do conhecimento, que trabalha com a subjetividade das relações, respeitando as partes, chamando-as

---

[42] STRENGER, Guilherme Gonçalves. *Guarda de filhos.* São Paulo: LTR, 1998, p. 24-25.

[43] COLARES, Marcos Antônio Paiva. O que há de novo no Direito de Família? In: PEREIRA, Rodrigo da Cunha (Coord.). *A família na travessia do milênio – Anais do II Congresso Brasileiro de Direito de Família.* Belo Horizonte: Del Rey, 2000, p. 315-324.
Rodrigo da Cunha Pereira aponta que os dois grandes desafios do Direito de Família são *"os limites de intervenção do estado na vida privada e a subjetividade na objetividade jurídica".* (*Do Desejo à Justiça.* Síntese da palestra de abertura da II Conferência Mundial da Sociedade Internacional de Direito de Família. Disponível na Internet via http://www.rodrigodacunha.com.br/reportagem08.html. Acesso em 3/11/2008, às 19h40.

para que elas próprias resolvam seus conflitos, como sujeitos de suas vidas que são, ao invés de se sujeitarem à submissão a uma sentença imposta pelo Estado, com base em uma única disciplina, na letra fria da Lei, sem considerar a afetividade que permeia as relações familiares.

Já é chegada a hora de refletirmos sobre o limite da intervenção do Estado, de maneira apenas objetiva, nas controvérsias familiares[44].

[44] Rodrigo da Cunha Pereira aponta que os dois grandes desafios do Direito de Família são "*os limites de intervenção do estado na vida privada e a subjetividade na objetividade jurídica.*" (*Do Desejo à Justiça.* Síntese da palestra de abertura da II Conferência Mundial da Sociedade Internacional de Direito de Família. Disponível na internet via http://www.rodrigodacunha.com.br/reportagem08.html. Acesso em 03/11/2008, às 19:40h.

# CAPÍTULO IV
# O INSTITUTO DA MEDIAÇÃO NO DIREITO DE FAMÍLIA

## 1. A MEDIAÇÃO DE FAMÍLIA

Como restou demonstrado no capítulo anterior, o afeto é uma característica inerente aos relacionamentos familiares e representa, hoje, o principal valor do Direito de Família.

Desse modo, é inconcebível que esse fundamental elemento seja ignorado pelo Poder Judiciário na resolução das controvérsias familiares.

Salienta Danièle Ganancia que *"os conflitos familiares, antes de serem conflitos de direito, são essencialmente afetivos, psicológicos, relacionais, antecedentes de sofrimento e dizem respeito a casais que, além da ruptura, devem imperativamente conservar as relações de pais, em seu próprio interesse e no interesse das crianças"*.[45]

[45] GANANCIA, D. Obra citada, p. 7.

A resposta judicial é um resultado apenas de uma análise do que consta nos autos. O juiz busca somente a verdade formal, imperando o brocado jurídico *"o que não está nos autos, não está no mundo"*.

A decisão é proferida com base unicamente na objetividade, olvidando -se a subjetividade que permeia as controvérsias familiares. É exarada em favor de uma ou outra parte, buscando-se um culpado e um inocente.

Não raro, vemos a angústia dos juízes das varas de família. As palavras de Lourival de Jesus Serejo Souza, juiz de Direito da 3ª Vara de Família de São Luiz/MA, expressam bem essa angústia:

> *... da nossa cadeira de juiz, por debaixo da toga, contemplamos o amor reduzido à contabilidade, nas desavenças sobre o* quantum *das pensões alimentícias e na divisão dos bens, quando das separações. Como confessores das desilusões, somos atingidos pelas lágrimas da separação, doloridas, penetrantes, pesadas; os olhares vazios, longos, cheios de recordações e revolta; a indiferença dos pais quanto aos filhos, as acusações terríveis, às vezes abjetas, contra quem, por quem, por muitos anos, compartilhou da cama e da mesa, e tantos outros quadros que desfilam diariamente a nossa frente. Como bem disse Rodrigo da Cunha Pereira, "os restos do amor levados ao Judiciário para que o juiz sentencie quem é o culpado acabam transformando-se, muitas vezes, em verdadeira história de degradação da outra parte".*[45]

Ainda que tentem, os juízes não conseguem transcender a sua formação jurídica para o tratamento e resolução dos conflitos familiares.

A decisão judicial mostra-se, assim, inapta. As reais causas das lides não são consideradas com a importância devida, as reais necessidades não são postas pelas partes, logo, a sentença dificilmente será adequada e proferida de acordo com tais necessidades.

Por isso observamos, habitualmente, que as sentenças judiciais são transgredidas, retornando ao Poder Judiciário. Justamente porque a sentença

---

[45] SEREJO, Lourival de Jesus. A ética e as angústias do juiz de família. In: PEREIRA, Rodrigo da Cunha (Coord.). *A família na travessia do milênio – Anais do II Congresso Brasileiro de Direito de Família.* Belo Horizonte: Del Rey, 2000, p. 315-324.

judicial apenas põe termo a um processo que versa sobre Direito de Família, mas, na maioria das vezes, não pacifica o conflito.

Como afirma Maria de Nazareth Serpa, *"as famílias, geralmente, operam de acordo com suas próprias leis, e são rebeldes à imposição de padrões de terceiros. Quando são pressionadas, tomam a justiça em suas próprias mãos, e ignoram decisões (...) A realidade dos conflitos familiares contém um indistinto emaranhado de conflitos legais e emocionais, e quando não são resolvidos pelos protagonistas, transformam-se em disputas intermináveis em mãos de terceiros (...)".*[46]

A síndrome de perde e ganha, a necessidade de provar a culpa do outro, e a demora na obtenção de uma solução, característica do processo judicial, só fazem acirrar o conflito, aumentar a raiva, a mágoa, despertar o sentimento de vingança, entre pessoas que, apesar da separação, ainda terão um relacionamento, precisarão se comunicar, principalmente nos casos de separação e divórcio e de dissoluções de uniões de casais com filhos.

Explicita o psicanalista David E. Zimerman[47] que:

> *O vínculo que se organiza de uma forma sádica e masoquista é o que predomina nos processos litigiosos. Surge a tentativa de domínio tirânico e até cruel sobre o outro, que podem alternar-se na base de um dia é da caça, outro do caçador. Na prática do Direito de Família, parece de forma sutil, inconsciente, o que se denomina "vitimologia", no qual a vítima, através de desafios e provocações até a exaustão, obriga o outro a ser o agressor. A agressão conseqüente pode chegar até ao homicídio, cabendo a pergunta: "foi homicídio ou foi um suicídio com a arma do outro?".*

O processo judicial exaspera o conflito, a mediação o transforma.

Isso porque as partes em uma disputa familiar estão abaladas psicologicamente, não conseguindo, sozinhas, compreender a disputa. Como afirma Eduardo José Cárdenas[48], *"as frustrações nas relações familiares provocam uma*

---

[46] SERPA, Maria de Nazareth. *Mediação de família.* Belo Horizonte: Del Rey, 1999, p. 17.
[47] Apud PORTO, Alice Costa. *O olhar da lei X relacionamentos familiares*. In: III Congresso Brasileiro de Direito de Família, Belo Horizonte, out. 2002. Disponível na Internet via http://www.ibdfam.com.br. Acesso em 26.11.2003, às 23h30.
[48] Apud PORTO, A. C. Obra citada.

*baixa muito grave da auto-estima, o que dificulta enormemente a capacidade dos envolvidos de resolver o problema".*

Nesse passo, a mediação representa uma importante ferramenta, já que possibilita que as partes compreendam o litígio, que vejam o lado do outro, que recuperem a comunicação e a autodeterminação, visando solucionar a lide de forma consensual, através de um acordo por elas mesmas obtido, com o auxílio de um mediador.

A probabilidade de cumprimento de uma decisão tomada pelas próprias partes, de acordo com as suas verdadeiras necessidades, é infinitamente superior à de uma decisão imposta por um terceiro.

Dessa forma, é evidente que a solução resultante de um processo de mediação, alcançada pelas próprias partes, através do diálogo e do consenso, com a ajuda do mediador, entremostra-se a mais eficaz.

A mediação é, antes de tudo, o lugar da palavra e da alteridade. Mesmo que não se chegue a um acordo, sempre há uma mudança, pois sempre ocorre, ainda que mínima, uma comunicação entre as partes.

É importante consignar que a mediação não implica uma demissão do advogado. O advogado participa do processo de mediação, devendo preparar seu cliente, como se faz antes da audiência de conciliação, ainda mais intensivamente, uma vez que o cliente, no processo de mediação, terá uma participação ainda mais direta. O advogado deve fornecer ao seu cliente um conhecimento completo e contínuo acerca da marcha da negociação, para que este participe da mediação de forma construtiva. Deve, também, advertir o cliente do alcance do ato que será praticado e cuidar para que o acordo resulte eficaz em sua implementação, protegendo adequadamente os interesses do cliente[49].

Como salienta Ana Célia Roland Guedes Pinto, o conflito vai continuar existindo, os processos judiciais continuarão, os operadores do direito permanecerão com suas funções. A mediação é um recurso a mais, para que as pessoas compreendam a disputa e não degradem umas as outras, para que deixem de usar a Justiça como meio exclusivo e/ou privilegiado de comunicação.[51]

Concebe-se o instituto como uma transdisciplina, um produto do intercâmbio de conhecimentos advindos de várias disciplinas e ciências.

---

[49] CAIVANO, R. J.; GOBBI, M.; PADILLA, R. E. Obra citada, p. 240-243.

[50] PINTO, Ana Célia Roland Guedes. O conflito familiar na justiça – Mediação e o exercício dos papéis. *Revista do Advogado.* São Paulo: Associação dos Advogados de São Paulo, n. 62, p. 69, mar. 2001.

Também é necessário destacar que a mediação não é terapia, embora o seu resultado possa ser terapêutico. Ensina Eliedite Mattos Ávila que

> *A mediação é intervenção breve, cujo objeto não é tratar as causas dos problemas, mas tentar resolver as questões que surgem no momento da separação. O mediador emprega estratégias para amenizar o impacto do conflito e solucionar as questões em litígio. Apesar de a mediação e a terapia compartilharem uma função educativa, e de ambas favorecerem a comunicação direta privilegiando sempre a resolução dos problemas e autonomia das partes, a mediação cuida muito mais do presente e do futuro do que do passado, e insiste mais especificamente nos acordos necessários durante a separação.*[51]

Podemos dizer que há dois tipos de mediação: a extraprocessual e a paraprocessual.

A mediação familiar extraprocessual é a intervenção de mediadores nas famílias da comunidade, íntegras ou em vias de separação, de forma preventiva, tentando evitar o divórcio ou interferindo no início das separações. São serviços ligados à comunidade, governos regionais, universidades, geralmente, de forma voluntária, ou, ainda, realizados em clínicas ou escritórios particulares.

Já a mediação paraprocessual, objeto do presente estudo, é uma técnica incidental ao processo de separação/divórcio do casal, bem como de dissoluções de uniões estáveis, com amparo legal em vários países e com duas formas de aplicação: prévia ou incidentalmente ao processo.

A primeira consiste na escolha voluntária do casal que busca a mediação, depois referendada por juiz.

Na segunda forma, as partes são encaminhadas para a mediação, antes de submetê-la ao juiz ou este, no curso do processo, envia-as para a mediação.

Em alguns países, a mediação só ocorre extraprocessualmente e em outros, a mediação é por lei, feita nos tribunais por mediadores nomeados pelo Estado.

---

[51] ÁVILA, Eliedite Mattos. *Mediação familiar: apresentação de um modelo canadense adaptado à realidade brasileira.* Disponível na Internet via http://www.ibdfam.com.br. Acesso em 31.10.2002, às 22h15.

Os resultados da prática da mediação, seja extra ou paraprocessual, seja prévia ou incidental, vêm se mostrando extremamente satisfatórios.

Entretanto, cumpre ressaltar que a mediação exige que as partes estejam ainda dispostas a negociar. Assim, casos nos quais exista discordância de um dos membros em participar da alternativa proposta ou em que sejam verificadas patologias graves que requeiram tratamento psicológico ou psiquiátrico não são passíveis, na maioria das vezes, de serem solucionados através da mediação.

## 2. PRINCÍPIOS DA MEDIAÇÃO DE FAMÍLIA

Conforme prelecionam Maria de Nazareth Serpa[52] e Paula Lucas Rios[53], para que a mediação logre êxito, mister a obediência aos seguintes princípios:

### 2.1. Extrajudicialidade

O processo de mediação ocorre antes, durante ou depois de um processo judicial. Este último é suspenso para que se instaure a mediação.

A mediação é autônoma face ao poder judicial. A autoridade judiciária apenas intervém para determinar medidas relativas à proteção das partes, dos filhos ou do patrimônio da família.

### 2.2. Voluntariedade das partes

Em razão da natureza cooperativa da mediação, as partes devem ser livres para iniciar o processo de mediação, bem como para dele desistirem a qualquer fase.

A responsabilidade pelas decisões tomadas é das partes e estas devem, livremente, cooperar no processo de mediação.

[52] SERPA, M. de N. Mediação e novas técnicas de dirimir conflitos. In: PEREIRA, Rodrigo da Cunha (Coord.). *Repensando o Direito de Família – Anais do I Congresso Brasileiro de Direito de Família.* Belo Horizonte: Del Rey, 1999, p. 368-370.

[53] RIOS, Paula Lucas. *Estudo preliminar para uma regulamentação legal da mediação familiar.* Coimbra, Dissertação (Pós-Graduação em Direito) – Universidade de Coimbra, 2001.

A mediação deve ser, prioritariamente, voluntária. Mesmo nos casos em que é obrigatória a mediação como fase preliminar à fase de julgamento, as partes, mesmo sendo obrigadas a comparecer, podem manifestar a sua recusa a participar do processo, devendo, sempre, serem consultadas quanto à aceitação da submissão do caso ao processo de mediação.

A obrigatoriedade não se refere a uma coerção a transigir, mas a cumprir a etapa da mediação. Coerção à mediação não é o mesmo que coerção na mediação.[54]

## 2.3. Privacidade e consensualidade

A mediação visa à obtenção de um acordo satisfatório para ambas as partes. É só através do consenso que se torna possível alcançar soluções que atendam aos interesses das partes.

A vontade das partes deve preponderar em todo o processo de mediação, pois as decisões vinculam as partes na medida em que estas são reconhecidas e aceitas mutuamente.

## 2.4. Não-adversariedade

Ao contrário do processo judicial e de outros meios heterocompositivos, nos quais há sempre um ganhador e um perdedor, a mediação almeja diminuir a hostilidade e o clima de disputa entre as partes, tentando restabelecer a comunicação entre elas.

## 2.5. Presença de terceiro interventor

As partes, juntamente com o mediador, formam o conjunto para solucionar a controvérsia por meio de um acordo.

A intervenção do mediador é sempre no sentido de direção da negociação entre as partes, favorecendo a comunicação entre elas.

---

[54] CAIVANO, R. J.; GOBBI, M.; PADILLA, R. E. Obra citada, p.297.

## 2.6. Imparcialidade

O mediador deve ser imparcial nas suas relações com as partes.

Ele não julga as partes, não discute o mérito da lide, nem pode inclinar-se para o lado de qualquer das partes em disputa.

## 2.7. Autodeterminação das partes

As partes têm o controle de sua disputa, têm a responsabilidade sobre as decisões concernentes às suas próprias vidas.

Desse modo, as partes têm autoridade de elaborar, discutir e decidir qual solução deverá ser aplicada ao caso que as envolve.

Portanto, o mediador não pode coibir qualquer das partes e nem por elas tomar qualquer decisão substantiva.

## 2.8. Informalidade e flexibilidade do processo

A mediação não está restrita a nenhum sistema normativo preestabelecido, não há regras fixas, a fim de possibilitar a adaptação da mediação ao caso no qual está sendo aplicada.

A estruturação e o desenvolvimento do processo de mediação dependem das circunstâncias e das questões peculiares de cada caso, em razão de ter a mediação um caráter privado e único.

O processo de mediação deve ser ajustado a cada casal, respeitando o tempo de cada um, a fim de que as decisões sejam adaptadas a cada família e, assim, dotadas de eficácia.

## 2.9. Confidencialidade

Trata-se de um princípio fundamental da mediação, pois, sem a confidencialidade, a confiança das partes no mediador diminui, a comunicação se retrai e a exploração de opções e alternativas se dificulta, comprometendo o êxito da mediação.[55]

Todas as informações reveladas nas sessões de mediação, sejam estas conjuntas ou individuais, são protegidas contra a publicidade ou qualquer tipo de divulgação no âmbito externo ao processo.

As discussões ocorridas durante a mediação não podem ser utilizadas posteriormente, salvo com acordo das partes.

O mediador está proibido de vir a participar do processo judicial ulteriormente, seja como testemunha, seja como perito.

As únicas exceções a esse princípio consistem nas informações que não sejam de caráter pessoal ou que possam representar uma ameaça para a vida ou integridade física ou psíquica de alguém, como nos casos de violência.

## 3. FORMAS E MODELOS DE MEDIAÇÃO FAMILIAR

Há diversos modelos de mediação familiar e, segundo Daniel Bustello,[56] há três formas básicas de intervenção.

A intervenção mínima é aquela na qual o mediador busca estabelecer e manter um contato entre as partes. A atuação de mediador é totalmente neutra, cabendo-lhe tão-somente estimular o duplo fluxo de informação.

Já na intervenção dirigida, o mediador procura obter todas as informações sobre as partes e suas controvérsias, inteirando as partes dessas informações. Depois, o mediador identifica e avalia, juntamente com as partes, as opções de solução existentes para aquelas controvérsias. O mediador, então, tenta convencer as partes a chegarem ao acordo que ele próprio considera mais favorável e adequado àquelas determinadas questões.

E, por fim, na intervenção terapêutica, o mediador observa e avalia a relação existente entre as partes e intervém com o escopo de corrigir as disfuncionalidades relacionais das partes. Busca um acordo em conjunto, resultado das mudanças conseguidas através da aplicação de técnicas terapêuticas.

---

[55] CAIVANO, R. J.; GOBBI, M.; PADILLA, R. E. Obra citada, p. 215.

[56] Apud FARINHA, Antonio H. L.; LAVADINHO, Conceição. *Mediação Familiar e responsabilidades parentais.* Coimbra: Almedina, 1997, p. 23-24.

Dentre os diversos modelos, Antonio H. L. Farinha e Conceição Lavadinho[57] explicitam alguns utilizados por especialistas em mediação familiar.

Coogler utiliza um modelo interdisciplinar. A mediação é realizada pelo mediador, que intervém com o escopo de obter um acordo, e pelo advogado, que analisa e elabora o acordo obtido.

Já Haynes adota um modelo unidisciplinar, com uma intervenção somente terapêutica. O mediador, prioritariamente um terapeuta familiar, busca decodificar e reformular as informações obtidas nas sessões de mediação.

Howard Irving e Michel Benjamim também empregam uma forma de intervenção terapêutica.

Janet R. Johnston e Linda Campbel defendem um modelo de mediação com o escopo de aconselhamento, tendo o mediador como principal tarefa a educação dos progenitores.

E, finalmente, Florence Kaslow apregoa a presença das crianças no processo de mediação, com a observância das condições especiais de suas idades e circunstâncias peculiares, com fundamento em diversos pontos referentes à regulação do exercício das responsabilidades parentais e ao direito dos filhos de serem comunicados, de forma adequada, sobre a separação de seus pais.

## 4. TIPOS DE MEDIAÇÃO FAMILIAR

A mediação familiar pode ser global ou parcial.

A mediação familiar global tem por objeto todas as questões atinentes à separação e ao divórcio, tais como as referentes ao exercício do poder familiar (guarda de filhos, regime de acesso, contribuições pecuniárias), alimentos, partilha de bens, atribuição de moradia, uso do nome etc.

Já a mediação parcial engloba somente alguns pontos, mais precisamente aqueles referentes ao exercício do poder familiar.

---

[57] FARINHA, A. H. L. ; LAVADINHO, C. Obra citada, p. 23-24.

## 5. O MEDIADOR

### 5.1. Conceito e atividade

Segundo Haim Gruspun, o mediador é um profissional com formação e conhecimentos para ser a terceira pessoa, neutra e imparcial, e oferecer mediação.[58]

O mediador possui técnicas que permitem facilitar a comunicação entre os contendores e domina um processo estruturado, apoiando-se em referências teóricas comprovadas. O único poder de que dispõe o mediador é o que advém das partes, livres para prosseguirem ou não na mediação e para remeterem o acordo ao juiz para homologação.

O mediador é um *"agente da realidade"*[59], devendo explorar com as partes todas as alternativas possíveis, fazendo com que elas reflitam sobre cada opção.

O mediador pode ser um advogado, um psicólogo, um médico psiquiatra, um assistente social. Muitas vezes, os mediadores trabalham em equipe (comediação), o que é extremamente recomendável para os casos de conflitos familiares. No entanto, cada um, como mediador, não assume o papel de sua profissão, apenas empresta seus conhecimentos à mediação.

Salienta Águida Arruda Barbosa que *"é delicada a posição de um mediador, pois requer-se dele a capacidade e treino de escuta do psicólogo, porém, sua atitude precisará ser mais ativa do que passiva. Requer-se dele a postura prática do advogado, entretanto, sua atitude precisará ser mais consensualista do que beligerante. Requer-se, ainda, dele um entendimento da inserção social das partes como o de um assistente social, todavia, sua atitude deverá ser mais de compreensão do que de ação".*[60]

O mediador tem as funções de administrar, negociar, catalisar e facilitar o processo.

---

[58] GRUSPUN, Haim. *Mediação familiar – O mediador e a separação de casais com filhos.* São Paulo: LTR, 2000, p. 18.

[59] CAIVANO, R. J.; GOBBI, M.; PADILLA, R. E. Obra citada, p. 212.

[60] BARBOSA, Águida Arruda. Mediação: considerações a respeito de procedimento e ética. In: PEREIRA, Rodrigo da Cunha. *Nova Realidade do Direito de Família – Anais do II Congresso Brasileiro de Direito de Família*. Belo Horizonte: Del Rey, 1998, p. 78.

Juliana Mayer Grigoleto[61], citando lição de Castro Júnior, indica algumas atitudes que deve ter o mediador: ser cauteloso com a sua segurança e a das partes; tomar notas durante as sessões, não acreditar em tudo o que é dito pelas partes; fazer com que as partes permaneçam sentadas à mesa até chegarem a uma solução; ajudar a mudar a perspectiva das partes em face do conflito; ter consciência de que alguém pode inibir ou parar o movimento para o acordo; não perder tempo com temas não produtivos; estimular a participação de ambas as partes; enfatizar a importância do tema debatido para a parte; avaliar as boas e más propostas; e listar os pontos principais da controvérsia e suas razões, pois este procedimento facilitará no momento de se redigir o acordo.

Ainda, aponta Haim Gruspum[62], como deveres do mediador: facilitar o acesso às informações adequadas para que as partes possam tomar iniciativas financeiras corretas e outras decisões; auxiliar as partes para que adquiram e desenvolvam informações sobre as necessidades dos filhos, para que possam tomar decisões claras concernentes ao exercício do poder familiar; facilitar às partes a compreensão do significado de todas as informações reveladas durante o processo; recomendar que cada parte obtenha consultoria com especialistas no evento em que o mediador acredita que conhecimento adicional ou compreensão são necessários para uma negociação equilibrada; recomendar que as partes obtenham representação legal independente; permitir a presença dos conselheiros das partes nas sessões; e elaborar a minuta do acordo e documentos auxiliares que comprovam a resolução da disputa, com a concordância das partes e de seus conselheiros.

Mister, portanto, que o mediador possua conhecimentos que lhe permitam entender os indivíduos e seus mecanismos emocionais, ter consciência de suas responsabilidades e da necessidade de respeito às pessoas que atravessam um conflito familiar, sem nunca perder de vista que cada caso é um caso.

---

[61] GRIGOLETO, Juliana Mayer. *A mediação como mecanismo de pacificação social*. In: III Congresso Brasileiro de Direito de Família, 2002, Minas Gerais. Disponível na Internet via http://www.ibdfam.com.br. Acesso em 28.12.2002, às 13h30.

[62] GRUSPUN, H. Obra citada.

## 5.2. Código de Ética do mediador

Os Estados que disciplinam a prática da mediação devem criar mecanismos adequados para garantir a adoção de normas éticas, que devem ser seguidas pelos mediadores[63].

Tais normas comporão o Código Deontológio ou Código de Ética, que garantirá a integridade e a competência dos mediadores, os quais terão suas atividades pautadas em padrões éticos.

A maioria dos países europeus já possui Códigos Deontológicos que regulamentam a conduta do mediador.

Como normas comuns a todos os Códigos, indicam-se as regras sobre a confidencialidade, a imparcialidade, o segredo profissional, a independência e a incompatibilidade do mediador. Ainda, verificam-se normas referentes à definição da função do mediador e ao seu modo de exercício, aos domínios e modos de intervenção, à remuneração, às obrigações das partes, aos direitos dos mediadores e às relações entre os mediadores, bem como entre estes e as diversas instâncias.

Podemos, sinteticamente, assinalar cinco principais princípios éticos que devem reger o exercício da atividade do mediador: imparcialidade, independência, competência, confiabilidade e diligência.

A desconformidade entre a atividade do mediador e qualquer desses princípios torna a mediação eivada de vício.

## 5.3. Sanções

Se o mediador, por ação ou omissão, incorre numa infração, transgredindo os deveres que, através do Código de Ética, lhe são impostos, deve ser-lhe imputada uma punição.

O tipo de sanção deve ser fixado de acordo com o tipo de infração, classificando-se em função da gravidade dessa. Essa gravidade deve ser aferida na medida do grau de descumprimento da conduta do mediador e do prejuízo ocasionado às partes.

---

[63] RIOS, P. L. Obra citada.

As punições variam desde a advertência, nos casos de infrações leves, como a suspensão, nas hipóteses de infrações graves.

## 6. QUESTÕES OBJETO DO PROCESSO DE MEDIAÇÃO FAMILIAR

John M. Haynes e Marilene Marodin, na obra *Fundamentos da Mediação Familiar*[64], descrevem, de maneira detalhada, todo o processo de mediação familiar a ser realizado pelos mediadores, abordando, minuciosamente, as questões passíveis de serem resolvidas através da mediação.

Neste trabalho, seguimos e consignamos algumas delas, bem como assentamos alguns passos explicitados na referida obra.

### 6.1. Responsabilidades financeiras e pensão alimentícia

No processo de mediação, analisa-se a situação financeira do casal, para aferir as suas reais necessidades, bem como suas reais possibilidades de arcarem com as despesas.

São fornecidos ao casal formulários de renda e orçamento, para que se obtenha uma base sólida e verdadeira a partir da qual poderão ser tomadas as decisões.

Também é solicitado que as partes tragam cópias das Declarações de Imposto de Renda dos três últimos anos.

O formulário de rendimentos deve conter os rendimentos e as deduções, conforme se verifica na figura abaixo. Cada parte deve preencher um formulário, contendo, basicamente, os rendimentos e deduções[65].

Depois, devem ser apresentados às partes formulários de orçamentos de gastos. Esse formulário deve conter, basicamente, as despesas fixas e as flexíveis[66].

---

[64] HAYNES, John M.; MARODIN, Marilene. *Fundamentos da Mediação Familiar.* Porto Alegre: Artmed, 1996.
[65] Idem, Ibidem, p. 64.
[66] Idem. Ibidem, p. 68-69.

As partes exibem os formulários ao mediador, que elabora um quadro contendo as despesas e a renda de cada uma das partes, estabelecendo uma base de dados comum.

Ocorre o compartilhamento das informações pelas partes e, em havendo desacordo em relação a qualquer item, o mediador insiste na documentação.

O mediador deve atentar para a existência de orçamentos inflados, buscando, sempre, a veracidade das informações.

Finda a fase de coleta de informações, havendo diferença entre as necessidades do casal e as suas possibilidades, o mediador propõe três opções: a redução das despesas, o aumento da renda ou a liquidação do patrimônio.

A tarefa do mediador é auxiliar as partes a encontrar a melhor solução, sempre colocando a questão com enfoque no futuro e discutindo-a com base em informações reais e verídicas.

## 6.2. Divisão da propriedade

No tocante à divisão de bens, a negociação deve ser desenvolvida em quatro etapas.

A primeira fase consiste na identificação dos bens, a fim de que seja oferecida uma base de dados para que sejam tomadas as decisões.

A segunda fase corresponde à análise dos bens, visando a uma compreensão completa de cada um dos bens e à relação de cada qual com o valor total do patrimônio do casal.

A avaliação dos bens é a terceira fase e objetiva que se conheça o valor de cada um dos bens.

E, por derradeiro, a fase da divisão dos bens, utilizando-se um critério para dividir o patrimônio de modo mais razoável. Nesta fase, faz-se necessário ter em vista o regime de bens do casamento ou da união, devendo o casal concordar sobre os bens que, consoante ao regime, não serão incluídos na partilha.

A divisão da propriedade acaba sempre simbolizando a concretização do fim do casamento/união e é comum ocorrer manifestações de dúvidas e oscilações das partes.

O mediador deve, sempre, fazer com que as partes estejam bem informadas a respeito de seus direitos e obrigações. O objetivo da negociação da divisão dos bens na mediação é repartir o patrimônio de maneira justa e equitativa, de acordo com as necessidades de cada um.

## 6.3. Responsabilidades parentais

Esta é a questão mais importante a ser resolvida pela mediação nos casos de dissolução de união e de separação/divórcio de casais com filhos.

Visa determinar como serão exercidos os direitos e deveres decorrentes da parentalidade da prole, decidindo-se acerca de todas as questões referentes aos filhos tais como residência, acesso a cada um dos pais, escolaridade etc.

Um dos principais objetivos é o de educar os pais, fazendo-os compreender a necessidade da separação dos papéis de pais dos papéis de cônjuges/conviventes, a fim de evitar-se que os pais perfilhem condutas como dividir a raiva do outro cônjuge/convivente com os filhos; deslocar sobre os filhos a raiva que sentem do outro cônjuge/convivente; falhar no atendimento às necessidades dos filhos por estar somente voltado às suas próprias necessidades; usar os filhos como confidentes, como se os mesmos já fossem adultos; fazer com que os filhos mais velhos cuidem dos mais novos, causando uma maturação precoce; ver os filhos como propriedade; não permitir o acesso do filho ao cônjuge/convivente que não é o detentor de sua guarda com o intuito de vingança.

É preciso que a criança tenha em mente que não foi ela a causa da separação, que nada podia ter feito para impedi-la no passado, que não será capaz de mudá-la no futuro e, ainda, que, não obstante a separação, o amor que os pais por ela sentem continua.

É recomendável uma mudança de linguagem no processo de mediação, substituindo-se termos como casamento falido, lar arruinado, guarda e visitação, por fim do relacionamento, casa da mãe, casa do pai, parentalidade, acesso e residência.

Como temas a serem considerados na negociação, apontam-se a guarda, a residência, o compartilhamento da tomada de decisões, o acesso, os calendários, feriados, dia dos pais, dia das mães, férias de verão e escolares, acesso telefônico aberto, contato com a família extensa (tios, avós, primos), divisão das despesas, manutenção do nome da família e as mudanças futuras que se fizerem necessárias para melhor se adequar às necessidades dos filhos em uma determinada idade.

No que se refere à guarda, confira-se o próximo capítulo, no qual trataremos dos diferentes tipos de guarda e, em especial, da guarda compartilhada.

É preciso, principalmente nessa questão, que todas as decisões sejam tomadas visando sempre ao melhor interesse das crianças. A mediação pode oferecer aos pais a possibilidade de centrar-se somente nas necessidades dos filhos, amenizando o clima de hostilidade.

Quanto à inclusão da criança no processo de mediação, muitos se insurgem contra tal inclusão, aduzindo que a participação da criança ocasiona-lhe sentimentos de culpa, ansiedade e frustração e, ainda, representa uma diminuição do poder de decisão dos pais.

Outros defendem veementemente a participação dos filhos na mediação, respeitando-se, obviamente, a sua idade. Os principais argumentos são o de que a criança precisa saber que os pais estão se separando, ser amparada no momento da separação e ser informada sobre o que vai acontecer com ela, diminuindo-lhe a angústia causada pela incerteza. É preciso, também, que a criança perceba que seus pais ainda são capazes de manter uma comunicação.

Ademais, a participação da criança no processo de mediação pode fornecer ao mediador dados e informações de fundamental importância para o desenvolvimento de opções, indicando as reais necessidades da criança e suas preferências.

Faz-se necessário que o mediador domine técnicas e possua um treinamento especializado para a oitiva da criança no processo de mediação, procedendo a uma adequada preparação da criança, à sua abordagem e ao seu questionamento.

De qualquer modo, caberá ao mediador decidir pela inclusão ou não da criança, face às circunstâncias de cada caso.

Para finalizar, mister salientar a necessidade de que se verifique se os conflitos dos pais são conflitos negociáveis ou psicológicos. Na última hipótese, o mediador deve proceder ao encaminhamento das partes a um tratamento terapêutico.

# CAPÍTULO V
# OS OBJETIVOS DA MEDIAÇÃO EM DIREITO DE FAMÍLIA

## 1. A SOLUÇÃO CONSENSUAL DO CONFLITO E A PROMOÇÃO DE UMA CULTURA DE PAZ

Ao lidarmos com uma controvérsia familiar, deparamo-nos com pessoas extremamente abaladas e confusas em seus sentimentos. Ainda não assimilaram o fato da separação/divórcio/dissolução da união e suas consequências, bem como a necessidade de uma reestruturação de suas vidas e de suas próprias identidades a partir de então.

Pesquisas mostram que a dissociação da família representa a segunda maior causa de estresse do ser humano, ficando atrás somente da perda de cônjuge/convivente.

Assim, cabe a nós, operadores do Direito, quando procurados por essas pessoas que passam por um dos momentos mais difíceis de suas vidas, utilizar um caminho mais ético do que o desgastante e angustiante litígio judicial, que, ao invés de pacificar o conflito, só acarreta o acirramento da disputa e a cristalização da lide.

Inicialmente, busca-se, com a mediação, eliminar o aspecto adversarial e competitivo entre as partes, demonstrando que não há um ganhador e um perdedor, indicando a possibilidade de dirimir a lide estipulando cláusulas "menos perdedoras" para ambas as partes[67]. Nas palavras de John Cole, transcritas por Maria de Nazareth Serpa[68], *"whether you win jurisprudence or loose the suit, you still loose"* (mesmo que você ganhe jurisprudência ou perca a ação, você ainda perde).

O processo de mediação costuma ser mais rápido do que o judicial, que pode perdurar mais tempo se assim estiver disposta uma das partes. Geralmente, com a realização de 12 (doze) a 25 (vinte e cinco) sessões de mediação é possível a obtenção do acordo, abreviando a angústia das partes na espera de uma solução proferida pelo juiz. Frise-se, ainda, que o processo de mediação segue e respeita o tempo psicológico das partes.

Ao promover o diálogo entre as partes, a mediação faz com que elas mesmas descubram seus conflitos, reconheçam-se como pessoas diferentes, com objetivos diferentes, e as ajuda a analisarem a pretensão da outra, implicando um desarmar dos ódios e um processo menos traumático para as partes.

A mediação traz em seu bojo o efeito psicológico das partes poderem verbalizar o conflito. A falta de percepção ou a interpretação errônea da realidade do conflito são fontes de mágoa e rancor, impulsionando o sentimento de vingança.

O processo de mediação possibilita que as partes não só resolvam o conflito, mas o transformem também.

O processo judicial é pautado pelas constantes agressões, na tentativa de imputar a culpa ao outro. Geralmente, arrasta-se por anos, prolongando a angústia dos envolvidos, que ficam amarrados, não conseguindo prosseguir em suas vidas de forma profícua. A luta acarreta a dor e a desconsideração dos interesses de longa duração.

É preciso evitar, principalmente em razão da necessidade da continuação salutar das relações parentais, que o conflito se torne crônico e patológico, que seja acirrado, o que acontece no decurso do processo judicial.

---

[67] SERPA, M de N. *Mediação de família.* Belo Horizonte: Del Rey, 1999, p. 17-21.
[68] Idem. Ibidem, p. 99.

A mediação dá relevo à responsabilidade pessoal e apresenta uma linguagem diferente daquela característica do processo judicial, que é da adversariedade, da litigiosidade, da categorização inocente x culpado. Busca-se o acordo, a pacificação do conflito.

No entanto, para que essa prática se efetive, faz-se necessária uma transformação cultural no tocante ao trato das soluções das lides. Isso exige de nós, operadores do Direito, uma modificação de mentalidade. Aprendemos a litigar desde os bancos da faculdade de Direito. Keneth A. Ehrman, sintetizando essa realidade, afirmou que *"alguns nascem adversários, outros se fazem na faculdade de Direito"*.[69]

Essa realidade precisa ser modificada. Como salienta Danièle Ganancia, *"se nós cremos na pessoa humana, na liberdade, na responsabilidade, nós só podemos ajudar as pessoas a reencontrarem elas mesmas o domínio de seu conflito"*[70], e isso só pode ser alcançado através da prática de um método que permite assegura uma justiça eficaz.

E, para finalizar, nas palavras da própria autora retrocitada, *"estamos em um país impregnado de uma cultura de conflito; cabe-nos fazer aquilo que possa emergir, na mentalidade, uma verdadeira cultura da mediação"*.[71]

Com certeza, não será uma tarefa fácil, mas indubitavelmente necessária.

## 2. A RESPONSABILIZAÇÃO DAS PARTES

No processo judicial, a inerente conflitualidade e o reduzido comprometimento dos envolvidos pela decisão potencializam os fatores de instabilidade e precariedade das soluções.

Isso porque as decisões não são encontradas pelas partes, mas sim impostas por um juiz com base apenas no que consta nos autos, e o conteúdo dos autos é apenas a versão sociojurídica na qual transformou-se o conflito afetivo-psicológico não solucionado pelas partes. A sentença não considera as raízes do conflito, razão pela qual não pode, efetivamente, solucioná-lo.

A disparidade entre o mundo da subjetividade do afeto e o mundo da objetividade da norma está presente permanentemente. O juiz não pode substi-

---

[69] Apud CAIVANO, R. J.; GOBBI, M.; PADILLA, R. E. Obra citada, p. 240.

[70] GANANCIA, D. Obra citada, p. 15

[71] Idem. Ibidem, loc. cit.

tuir as partes na decisão do conflito afetivo e emocional que está na origem e na base do conflito judicial.

Futuras desavenças, certamente, ocorrerão e a necessidade de, em todas as vezes, utilizar-se do Poder Judiciário para "resolvê-las", também. As obrigações impostas pelo Poder Judiciário dificilmente serão cumpridas de maneira espontânea, justamente por serem impostas e não voluntariamente acordadas e compreendidas pelas partes.

A mediação prioriza o reconhecimento da autonomia de vontade das partes e da capacidade de resolução dos conflitos que as envolvem, assegurando, assim, o direito de liberdade, de intimidade e de privacidade da família.

Através da mediação, as próprias partes chegam a um acordo, por meio do diálogo, auxiliados pelo mediador. Enfatiza-se, assim, a responsabilidade das partes de tomar decisões que se referem às suas próprias vidas, ao futuro de cada um.

A recuperação da comunicação pela mediação proporciona o estabelecimento de acordos consoantes às necessidades das partes, por meio da ponderação e análise, por elas mesmas, das informações por elas prestadas, diferentemente do que ocorre no processo judicial, no qual há pouca participação efetiva das partes e as informações são, muitas vezes, dominadas por seus patronos.

O processo de mediação possibilita a conscientização dos sujeitos acerca da dimensão do litígio, de seus direitos e deveres, da necessidade da continuação das relações parentais de forma saudável. Estimula-os para a corresponsabilização no tocante ao processo educativo dos filhos, ao contrário do processo judicial que enfatiza, de maneira constante, apenas a necessidade de demonstração da culpa do outro, objetivando a prolação de uma sentença que imponha uma punição ao outro.

Permite, assim, que os membros da família possam reorganizar a vida familiar após o fim do relacionamento, assumam suas responsabilidades familiares futuras e cumpram as obrigações constantes do acordo, uma vez que este é resultado da própria criação das partes.

Por fim, a mediação visa à consecução de um acordo realizado pelas próprias partes, porque esta é a única forma de garantir a sua aplicabilidade, responsabilizando, assim, os envolvidos pela prioridade dada em seus acordos.

## 3. A CONTINUAÇÃO DAS RELAÇÕES PARENTAIS: A MEDIAÇÃO E A POSSIBILIDADE DE ADOÇÃO DO MODELO DA GUARDA COMPARTILHADA

Esta autora já tratou deste tema em artigo intitulado *"Guarda compartilhada e mediação"*[72], cujas ideias principais ora se transcrevem.

Como já foi exposto, a separação e o divórcio põem fim à conjugalidade, mas não à parentalidade. O mesmo aplica-se à dissolução de união estável; pais serão sempre pais. Tal premissa jamais pode ser olvidada.

No entanto, é comum, nas lides familiares, depararmo-nos com árduas batalhas em torno dos filhos. A guarda da prole é tida como um prêmio. O discurso do melhor interesse do menor amalgama-se com o discurso dos próprios genitores litigantes, discurso este impregnado pela mágoa e pelo afã de vingança, como se a guarda correspondesse a uma liquidação dos créditos e débitos pendentes do relacionamento rompido.

Como salienta Danièle Ganancia:

> *... estes conflitos ao redor da criança são, na maior parte do tempo, conflitos de casal não resolvidos: a criança torna-se este instrumento privilegiado permitindo aos pais, que não realizaram o luto de sua relação, permanecerem juntos no conflito. Eles utilizam a criança como remédio para suas feridas narcísicas, e às vezes como um verdadeiro projétil na guerra a que eles se entregaram. Recompor-se, punir o outro, conduzem a comportamentos de "apropriação" da criança.*[73]

Luta-se, assim, pela propriedade da criança, como se esta fosse um objeto e não um sujeito de direitos, dentre os quais, o direito ao convívio com seus dois pais, que é indispensável para a formação de sua identidade.

É na experiência familiar que adquirimos as bases, que extraímos tudo o que nos servirá de modelo para todas as relações intersubjetivas que vivenciaremos.

---

[72] Disponível na Internet via http://www.ibdfam.com.br. Acesso em 28.8.2002, às 8h30.

[73] GANANCIA, D. Obra citada, p.8.

O direito à convivência familiar é, pois, um direito natural. Nas sábias palavras de Rodrigo da Cunha Pereira, trata-se de *"um direito fundamental: é o direito fundante do ser humano como sujeito"*.[74]

A Convenção Internacional sobre os Direitos da Criança de 1989 preconiza que a convivência com os pais é um direito inalienável da criança.

Referido direito é acautelado pela Constituição Federal Brasileira, que dispõe, em seu artigo 227, que é dever da família, da sociedade e do Estado assegurar à criança e ao adolescente, com absoluta prioridade, dentre outros, o direito à convivência familiar e comunitária.

Ainda, o Estatuto da Criança e do Adolescente, em seu artigo 4º, repetiu o dispositivo constitucional retromencionado e mais, em seu artigo 3º, consagrou o menor como sujeito de direitos, não só os fundamentais inerentes à pessoa humana, como aqueles especiais, inseridos na proteção integral de que dispõe a referida lei, oriundos da situação peculiar do menor e de sua dependência estrutural.

Dessa forma, a criança tem o direito de conviver com a sua família, mesmo que esta tenha sido modificada estruturalmente em razão da separação de seus pais.

Isso porque, como elucida Eliana Riberti Nazareth:

> *A família, diversamente de outras sociedades, não se desfaz. Uma vez constituída, permanece. A estrutura pode mudar, quando há uma separação ou morte, por exemplo, mas a organização – família – prossegue. Não obstante suas modificações estruturais, essas organizações continuam existindo no mundo interno dos indivíduos e edificando seu mundo de relações. (...)*
>
> *Essa "família" interna responde pela construção e manutenção do espaço interno, mental, de relações emocionais, e esse espaço, por sua vez, constrói e abriga o sentimento de pertença, que é composto pelos sentimentos que cada um experimenta em relação ao conjunto e que funda o que, posteriormente, será reconhecido como cidadania.*[75]

---

[74] PEREIRA, Rodrigo da Cunha. *Pai, por que me abandonaste?* Disponível na Internet via http://www.apase.com.br. Acesso em 15.7.2002, às 12h40.

[75] NAZARETH, E. R. Obra citada, p. 50.

Anteriormente à Lei nº 11.698, de 13.6.2008, o único modelo de guarda previsto pelo ordenamento jurídico brasileiro era o da guarda única, também chamado guarda dividida, segundo o qual um dos genitores exerce a guarda dos filhos, cabendo ao genitor não-guardião apenas e tão-somente o direito de visitas e o de supervisionar a criação dos filhos.

Na hipótese de separação consensual, de acordo com o artigo 9º da Lei nº 6.515/77, é estipulada a guarda da prole mediante acordo entre as partes. Entretanto, nos casos de separação litigiosa por culpa de um dos cônjuges, a guarda seria conferida ao cônjuge inocente, consoante ao disposto no artigo 10 da Lei retromencionada.

Frise-se, ainda, que, anteriormente ao Novo Código Civil, verificava-se uma propensão quase inexorável, com a exclusão de raríssimas exceções, a atribuir-se a guarda dos filhos à mãe, uma vez que, nos termos do artigo 10, § 1º, da Lei nº 6.515/77, na hipótese de separação litigiosa por culpa de ambos os cônjuges, os filhos menores devem ficar em poder da mãe, salvo se o juiz verificar que de tal solução possa advir prejuízo de ordem moral para eles.

Tentando mudar tal situação, o Novo Código Civil, em seu artigo 1.584, com a sua redação originária, em observância ao princípio do melhor interesse da criança, determina que a guarda da criança será atribuída a quem revelar melhores condições de exercê-la.

É de se consignar que a presunção em favor da mulher nem sempre assim o foi. Segundo John M. Haynes e Marilene Marodin:

> *Até o início do século passado, quando um casal se separava, era comum que os filhos ficassem com o pai. Isso provavelmente acontecia porque, em épocas anteriores, os filhos eram vistos como bens ou unidades econômicas. Com a introdução da educação universal, os filhos deixaram de ser bens econômicos e tornaram-se obrigações econômicas. Junto com esta mudança, as cortes introduziram o conceito da "doutrina dos anos tenros" e começaram quase automaticamente a outorgar a custódia dos filhos para a mãe.*
>
> *No entanto, as realidades de nossa geração apresentam-se outras. A economia mudou, com a maior participação feminina no mercado de trabalho; os papéis mudaram para acompanhar a perspectiva da família de dois assalariados. Tais mudanças culminaram em uma maior vontade de manter seu papel de pai ativo depois da separação e em*

*uma maior vontade da mãe de continuar dividindo o papel de parentalidade, como era no casamento.*[76]

A Carta Política de 1988, procedendo à assunção de tais mudanças sociais, consagrou o princípio da igualdade entre homens e mulheres no exercício dos direitos e deveres decorrentes da sociedade conjugal.

Todavia, para que tal princípio possa ser efetivamente concretizado, faz-se necessária a instituição de uma nova forma de relacionamento entre pais e filhos, em que o papel do pai não seja mais relegado a um plano secundário.

O próprio Código Civil de 1916, em seu artigo 384, II, já previa direito-dever de ambos os pais a ter os filhos menores em sua companhia e guarda, direito este que não se extingue com a separação ou com o divórcio.

Dessa forma, não só a criança tem o direito à convivência com ambos os pais, como esses também têm o direito de exercer a parentalidade de maneira efetiva.

Em que pese tais relevantes considerações, como já anteriormente consignado, o modelo de guarda preponderantemente adotado, anteriormente ao advento da Lei nº 11.698, de 13.6.2008, era o da guarda única, que traz consequências extremamente nocivas para o relacionamento entre pais e filhos.

De fato, no modelo de guarda única, a criança, que fica sob a guarda de somente um dos genitores – na grande maioria dos casos, da mãe –, perde o referencial da presença de ambos os pais em sua vida. O filho perde o pai, que acaba por tornar-se somente uma visita ou um mero provedor de pensão alimentícia.

Os efeitos são devastadores: sentimentos de perda e abandono que abalam a psique da criança e o progressivo afrouxamento dos laços que unem o filho ao genitor não-guardião, até o seu completo desatamento. Na lição de Evandro Luis Silva:

*A visitação é comumente transformada em arena crítica para a redefinição de vínculos de poder e de intimidade entre ex-cônjuges, bem como para a redefinição dos papéis parentais. Além disso, os pais alegam que uma das causas freqüentes de baixa visitação é ligada a experiências*

---

[76] HAYNES, J. M.; MARODIN, M. Obra citada, p. 99-100.

*penosas e estressantes que decorrem das dificuldades de contato com os filhos e ex-cônjuges... Estas dificuldades aumentam à medida que o tempo passa, e só a visitação, em detrimento do convívio mais freqüente, faz com que eles percam a intimidade e vão se desapegando.*[77]

Sensível a tal situação, a qual aniquila a preservação das relações parentais, o legislador, através da Lei nº 11.698, de 13.6.2008, houve por bem proceder à inclusão do modelo de guarda compartilhada no ordenamento jurídico brasileiro, promovendo a alteração dos artigos 1.583 e 1.584 do Código Civil, os quais passaram a vigorar com a seguinte redação:

*"Art. 1.583.* ***A guarda será unilateral ou compartilhada.***

***§ 1º Compreende-se por guarda unilateral a atribuída a um só dos genitores ou a alguém que o substitua (art. 1.584, § 5º) e, por guarda compartilhada, a responsabilização conjunta e o exercício de direitos e deveres do pai e da mãe que não vivam sob o mesmo teto, concernentes ao poder familiar dos filhos comuns.***

*§ 2º A guarda unilateral será atribuída ao genitor que revele melhores condições para exercê-la e, objetivamente, mais aptidão para propiciar aos filhos os seguintes fatores:*

*I – afeto nas relações com o genitor e com o grupo familiar;*

*II – saúde e segurança;*

*III – educação.*

*§ 3º A guarda unilateral obriga o pai ou a mãe que não a detenha a supervisionar os interesses dos filhos.*

*§ 4º (VETADO)." (NR)*

*"Art. 1.584.* ***A guarda, unilateral ou compartilhada, poderá ser:***

*I –* ***requerida, por consenso,*** *pelo pai e pela mãe, ou por qualquer deles, em ação autônoma de separação, de divórcio, de dissolução de união estável ou em medida cautelar;*

---

[77] SILVA, Evandro Luis. *As questões jurídicas e as necessidades sociais.* Disponível na Internet via http://www.pailegal.net. Acesso em 15.7.2002, às 22h.

*II – **decretada pelo juiz, em atenção a necessidades específicas do filho, ou em razão da distribuição de tempo necessário ao convívio deste com o pai e com a mãe.***

*§ 1º Na audiência de conciliação, o juiz informará ao pai e à mãe o significado da guarda compartilhada, a sua importância, a similitude de deveres e direitos atribuídos aos genitores e as sanções pelo descumprimento de suas cláusulas.*

*§ 2º **Quando não houver acordo entre a mãe e o pai quanto à guarda do filho, será aplicada, sempre que possível, a guarda compartilhada.***

*§ 3º Para estabelecer as atribuições do pai e da mãe e os períodos de convivência sob guarda compartilhada, o juiz, de ofício ou a requerimento do Ministério Público, poderá basear-se em orientação técnico -profissional ou de equipe interdisciplinar.*

*§ 4º A alteração não autorizada ou o descumprimento imotivado de cláusula de guarda, unilateral ou compartilhada, poderá implicar a redução de prerrogativas atribuídas ao seu detentor, inclusive quanto ao número de horas de convivência com o filho.*

*§ 5º Se o juiz verificar que o filho não deve permanecer sob a guarda do pai ou da mãe, deferirá a guarda à pessoa que revele compatibilidade com a natureza da medida, considerados, de preferência, o grau de parentesco e as relações de afinidade e afetividade." (NR) (negritamos)*

Com efeito, a solução para que se efetive a adequada convivência dos filhos com ambos os genitores após a separação, evitando, assim, as consequências aterrorizadoras acima retratadas, é a adoção do modelo da guarda compartilhada.

Antes de comentarmos os dispositivos retromencionados, passemos a distinguir a guarda compartilhada de outros modelos de guarda.

Segundo a definição de Sofia Miranda Rabello, grande estudiosa do tema, *"consiste a guarda compartilhada ou conjunta em um dos meios de exercício da autoridade parental, para os pais que desejam continuar a relação entre pais e filhos quando fragmentada a família. É um chamamento aos pais que vivem separados para exercerem conjuntamente esta responsabilidade, a fim de atenuar os efeitos da separação e evitar a dissipação da relação afetiva entre pais e filhos"*.[78]

Nesse tipo de guarda, há o compartilhamento da guarda jurídica, que se refere a tomar decisões importantes que afetem a vida do filho em conjunto, tais como saúde, educação, garantias econômicas, com a divisão do exercício dos direitos e deveres oriundos do poder familiar. A guarda física, que corresponde aos arranjos para visita e acesso, é estabelecida pelos genitores, sempre objetivando o alcance do melhor interesse e do bem-estar de seus filhos.

Assim, é fixada a residência principal da criança, que pode ser a residência do pai ou a da mãe e estes, através da guarda jurídica compartilhada, estipulam o regime de acesso, que deve ser amplo, de modo a possibilitar a adequada convivência do filho com o genitor que não detém a sua guarda material e a sua participação, de maneira efetiva, na vida de seu filho.

A guarda compartilhada distingue-se da denominada guarda alternada, que é aquela na qual cada um dos genitores, em esquema de revezamento, detém a guarda do filho, de maneira exclusiva, durante um determinado espaço de tempo (que pode variar de uma semana um mês, um ano...). Nesse período, em que o genitor detém de maneira exclusiva a guarda física do filho, detém, também, com exclusividade, a sua guarda jurídica. Esse tipo de guarda mostra-se danoso, já que a criança fica passando de mão em mão, o que implica uma ausência de referencial de lar, prejudicial à consolidação de seus valores. Ademais, há sempre um rompimento do vínculo a cada troca ou alternância de residência, o que acarreta a instabilidade emocional e psíquica do menor.

Diferencia-se, também, de outro tipo de guarda, que é a nidação ou aninhamento. Nesse modelo de guarda, os filhos permanecem vivendo em uma residência e cada um dos genitores, em períodos de tempo alternados, mudam-se para a casa dos filhos. Trata-se de um tipo de guarda surreal, de probabilidade mínima de ser efetivamente aplicada, dispensando maiores comentários.

As desvantagens da guarda única, também denominada guarda dividida, já foram anteriormente explicitadas.

Desse modo, a guarda compartilhada é a que se apresenta mais apta a reorganizar as relações parentais no interior da família desunida, atenuando os traumas nas relações afetivas entre pais e filhos, garantindo a esses últimos a presença de ambos os genitores em sua formação e, aos pais, a solidariedade no exercício do poder familiar.

---

[78] RABELLO, Sofia Miranda. *A guarda compartilhada*. Disponível na Internet via http://www.paisparasemprebrasil.org. Acesso em 18.7.2002, às 21h.

Como também ensina Sofia Miranda Rabello, na mesma obra, *"a noção de guarda compartilhada surgiu do desequilíbrio dos direitos parentais e de uma cultura que desloca o centro de seu interesse sobre a criança em uma sociedade de tendência igualitária"*.

A guarda compartilhada teve a sua origem na Inglaterra, na década de 1960. Atualmente, já se encontra difundida e incorporada ao ordenamento jurídico de diversos países e, recentemente, ao nosso ordenamento jurídico, consoante acima consignado.

Feitos tais esclarecimentos, cumpre ressaltar que, não obstante a previsão da adoção de tal modelo pela Lei nº 11.698, de 13.6.2008, tal só será possível, efetivamente em favor do melhor interesse da criança, na hipótese de os pais conviverem com harmonia, pois exige que os genitores mantenham constante contato. E, na esmagadora maioria dos casos, o estado de beligerância entre os cônjuges não permite a imposição judicial de que seja adotada a guarda compartilhada.

Com efeito, a guarda compartilhada não é aconselhável para todos os casos. Como muito bem consignou Haim Gruspun, *"famílias que não conseguem repartir interesse e responsabilidade com os filhos não se beneficiam com a guarda e com nenhuma outra, só vivem em conflito"*.[79]

Nesse passo, verifica-se, do § 2º do artigo 1.584 do Código Civil, com a redação atribuída pela Lei nº 11.698, de 13.6.2008, que, na hipótese de inexistir acordo entre os pais quanto à guarda do filho, *sempre que possível*, deverá ser aplicada a guarda compartilhada.

No entanto, pergunta-se: se os pais não possuem um mínimo de comunicação que os permita o estabelecimento de um acordo em relação à guarda da criança, poderão eles exercer, conjuntamente, os seus direitos e deveres parentais de forma harmônica, como prevê a guarda compartilhada? A resposta negativa nos parece evidente.

Nas palavras de Denise Damo Comel[80], juíza da 1ª Vara de Família e Anexos da Comarca de Ponta Grossa/PR

> *Não há como conceber a guarda compartilhada em ambiente de hostilidade e de intolerância, como sói acontecer nos casos de dissenso intransponível entre os pais no que tange às questões afetas ao filho. Mesmo porque, neste caso, a guarda compartilhada não seria solução*

---

[79] GRUSPUN, H. Obra citada, p. 47.

[80] COMEL, Denise Damo. *Guarda Compartilhada não é solução salomônica.* Disponível na Internet via http://www.ibdfam.com.br. Acesso em 29.7.2008, às 8h30.

*fundada no melhor e superior interesse do filho, senão que seria determinada no melhor interesse e conveniência dos próprios pais. Proposta egoísta, sem a menor consideração às necessidades e bem-estar do filho. Verdadeira solução salomônica: dividir o filho entre si, um pouco para cada um, para que ninguém perca, ninguém ganhe.*

Também no mesmo sentido, ao comentar sobre a adoção da guarda compartilhada em situações mal resolvidas, o desembargador Fermino Magnani Filho, do Tribunal de Justiça de São Paulo[81], aduz que *"a cada segunda-feira (dia que normalmente sucede visitas aos filhos), vai chover boletim de ocorrência de que a criança foi devolvida tarde, que os pais se desentenderam e por aí vai"*.

A promotora Vânia Maria Penteado Balera[82], coordenadora do Centro de Apoio Operacional Cível do Ministério Público de São Paulo, comunga de idêntica opinião: *"Quando existe algum grau de litígio, o foco sai da criança. Com isso, a palavra final caberá ao juiz. (Se a guarda compartilhada for concedida nesses casos), vai aumentar a litigiosidade e tudo será levado ao Judiciário."*

Assim, a possibilidade de adoção do modelo de guarda compartilhada, quando não há um consenso dos pais nesse sentido, será excepcionalíssima.

Todavia, é inadmissível e injusto que os filhos tenham anulado o seu direito natural à convivência familiar e sofram as lesivas consequências de tal privação em razão da má convivência de seus genitores, que não conseguem enxergar, de maneira real, o melhor interesse de seus filhos, nem tampouco a necessidade da preservação de seus papéis de pais.

Nesse sentido, a mediação mostra-se como instrumento de fundamental importância, visto que possibilita o restabelecimento da comunicação interrompida entre os membros da família, bem como que estes últimos conscientizem-se de seus direitos e deveres.

Na medida em que a mediação não busca encontrar um culpado pela separação, mas sim a responsabilização das partes, permite que os pais, mesmo após a separação, conservem as suas relações de coparentalidade. Torna possível a obtenção de um acordo, no qual esteja inserido um plano familiar em que os filhos são os centralizadores, de modo que suas necessidades sejam atendidas.

---

[81] In: *Guarda compartilhada já é realidade*. Notícia veiculada no jornal *O Estado de S. Paulo*, edição de 24.5.2008. Disponível na Internet via http://www.estado.com.br/editorias/2008/05/24/ger-1.93.7.20080524.7.1.xml. Acesso em 29.7.2008, às 12h40.

[82] Idem. Ibidem.

Restaurando a comunicação entre os cônjuges e educando-os para que estes tenham consciência da necessidade da preservação de seus papéis de pais, a mediação possibilita que seja adotado o modelo de guarda mais apropriado, qual seja, o da guarda compartilhada, efetivando-se duas garantias constitucionais: aos filhos, a convivência familiar de maneira saudável e, aos pais, a igualdade no exercício de direitos e deveres.

## 4. A DIMINUIÇÃO DA SOBRECARGA DOS TRIBUNAIS: FINALIDADE OU CONSEQUÊNCIA?

A mediação familiar é vista por alguns como apenas uma alternativa excludente aos processos judiciais, buscando tão-somente um acordo, qualquer acordo, a fim de aliviar o Poder Judiciário.

Entretanto, como adverte Giselle Groeninga, *"as questões familiares são extremamente complexas e a mediação vendida como uma panacéia universal pode trazer mais malefícios do que benefícios"*.[83]

Os escopos da mediação são a pacificação do conflito, através de seu reconhecimento e de sua clarificação, e a obtenção de um acordo mais consoante aos interesses das partes envolvidas na disputa. Mesmo que esse acordo precise de alterações posteriores, estas serão mais facilmente efetuadas, uma vez que as partes já estarão educadas e aptas para, por meio da mediação, consegui-las.

Assim, a mediação representa um instrumento a ser utilizado pelo Estado para assegurar uma melhor e mais efetiva prestação da tutela jurisdicional.

Ao recuperar o poder decisório dos interessados e direcionando-se ao cerne do conflito para solucioná-lo, a mediação instaura um efeito dinâmico, permitindo às partes gerenciar seus conflitos. Possibilita que as partes obtenham decisões através de um consenso, e que, evidentemente, terão uma maior probabilidade de serem cumpridas de maneira eficaz, evitando, assim, a necessidade de socorrer-se do Poder Judiciário para que este determine o cumprimento dos acordos, bem como decida, de maneira inapta, a lide familiar.

Portanto, a redução do inchaço que assola o Poder Judiciário, com a diminuição dos contenciosos familiares cada vez mais crescentes, não deve ser vista como finalidade, mas será, indubitavelmente, uma consequência da prática da mediação familiar.

---

[83] GROENINGA, G. Obra citada.

# CAPÍTULO VI
# O PROCESSO GLOBAL DA MEDIAÇÃO

Como já foi exposto, o processo de mediação é flexível e informal. No entanto, geralmente, pode ser dividido em 7 (sete) fases: a introdução, a busca de informações, a definição do problema, o desenvolvimento de opções, a redefinição de posições, a negociação e a redação do acordo.

## 1. INTRODUÇÃO

Neste estágio, o mediador apresenta às partes o método da mediação.

O primeiro passo é a conscientização das partes de que, realmente, existe uma disputa que deve ser solucionada. É preciso que as partes, auxiliadas pelo mediador, procedam à identificação do problema.

O mediador descreve o processo de mediação, aponta as suas regras básicas, responde a perguntas e dirime dúvidas das partes quanto ao método.

Neste estágio, o mediador deve convencer as partes de que a melhor maneira de resolverem suas disputas consiste na opção pelo método da mediação.

Como adverte Maria de Nazareth Serpa:

> *É aconselhável lembrar que entre os cônjuges já existiu um relacionamento de confiança, que foi desarticulado pelos desacertos do casamento. Por esse motivo, o momento introdutório é de extrema importância para o entabulamento dos estágios seguintes. (...)*
>
> *A decisão consciente de mediar talvez seja a decisão mais importante de toda a mediação. (...) Nesse passo, com ajuda do mediador, os cônjuges podem considerar uma mistura de seus interesses, necessidades e qualquer outra coisa que possa ser relevante, irrespectivamente, a regras processuais ou substantivas, (...) é irrelevante definir quem está certo e quem está errado, mas encontrar uma solução para o conflito, que possa melhor atender suas necessidades.*[84]

Nesse diapasão, são apresentados aos cônjuges os quatro principais aspectos da mediação, quais sejam[85]: (a) a mediação é não-adversarial. Nem sempre as partes estão tendentes a resolverem seus problemas de maneira litigiosa, nem sempre querem se tornar adversários, mas acreditam que essa seja a única maneira de resolvê-los. Muitas vezes, entendem, ou estão mais propensas a compreender a necessidade de manterem suas relações futuras e a mediação torna isso possível; (b) o processo de mediação é mais célere, posto que todas as questões são colocadas frente a frente e as discussões são realizadas naquele momento, ao revés do que ocorre no processo judicial, em que é necessário proceder à colocação da questão nos autos, a intimação da outra parte e a posterior decisão do juiz; (c) a mediação, por ser mais rápida, é também mais econômica e; (d) a mediação permite que as próprias partes encontrem soluções que melhor atendam às suas necessidades e à necessidades dos filhos. Como salienta Maria de Nazareth Serpa:

> *... pais são,* a priori, *as pessoas que podem definir o melhor interesse de seus filhos menores. Quando os pais perdem essa capacidade e autoridade e delegam ao Estado esse poder, significa que os interesses dos filhos*

---

[84] SERPA, M. de N. Obra citada, p. 28-30.
[85] HAYNES, J. M.; MARODIN, M. Obra citada, p. 13.

*são colocados em risco. Uma vez que o Estado interfira no papel decisório dos pais, a família inteira perde a independência e a cooperatividade. Várias teorias psicológicas e considerações constitucionais reconhecem o fato como pernicioso, para a própria família e para a sociedade.*[86]

Em havendo concordância das partes na opção pela resolução da disputa através da mediação, é firmado o compromisso.

## 2. BUSCA DE INFORMAÇÕES

Nesta etapa, o mediador faz com que os participantes informem todas as questões envolvidas na disputa, sob o ponto de vista de cada qual.

As informações coletadas devem ser aquelas que possuam relevância e sejam fundamentais para as negociações e para a obtenção do acordo. Informações impertinentes devem ser dispensadas.

Todas as informações são compartilhadas entre as partes. Isso possibilita que cada um clarifique todos os pontos da disputa. Também faz com que, consequentemente, uma parte ouça a outra, enxergue a mesma situação do lado da outra, fazendo com que cada uma meça, de maneira mais justa, a sua própria pretensão.

Antes da mediação, geralmente, as partes trocam ameaças, prometem praticar atos vingativos, acarretando o medo de cada um sobre seu respectivo futuro e quanto às possibilidades de solução da disputa. Como elucida John M. Haynes[87], as ameaças funcionam somente na ausência de informações concretas. Estar a par de todas as informações minimiza o impacto que as ameaças dantes proferidas causaram.

O compartilhamento de informações representa também o equilíbrio do poder, pois, como também consigna John M. Haynes, *"já que conhecimento é poder, quando o mediador usa o processo de mediação para assegurar a revelação de toda a informação, ele dá mais poder aos participantes que tinham menos conhecimento, garante que todos usem as mesmas informações para definir o problema e melhora a capacidade de cada participante para fazer opções que lhe sejam mais benéficas".*[88]

---

[86] SERPA, M. de N. Obra citada, p. 30.

[87] HAYNES, J. M.; MARODIN, M. Obra citada, p. 13.

[88] Idem. Ibidem, p. 13-14.

## 3. DEFINIÇÃO DA DISPUTA

Através das informações coletadas, as partes passam a definir a disputa.

O mediador deve fazer com que as partes foquem seus interesses e não posições.

Também deve o mediador normalizar e mutualizar o problema.[89]

O mediador tenta convencer de que os problemas das partes são normais. Os participantes, geralmente, pensam que os seus problemas são anormais para chegar ao ponto de precisar do auxílio de um terceiro estranho à relação.

É claro que, como salienta John M. Haynes, *"nos casos em que os participantes têm um problema anormal, o mediador não tenta convencê-los do contrário. Fazê-lo é desrespeitoso para os clientes e degenera a credibilidade do mediador"*.[90]

O mediador deve, também, mutualizar o problema. As pessoas tendem a ver o problema unilateralmente, procurando imputar a culpa somente ao outro, não admitindo a sua própria responsabilidade.

Quando os participantes ouvem, mutuamente, a versão do outro, aquele que permanecia inarredável em uma determinada posição começa a colocá-la em xeque.

No momento em que as partes encontram-se dispostas a buscar uma solução mútua, o mediador as auxilia a encontrar tal solução, sempre com enfoque no futuro. Como explicita John M. Haynes[91], o benefício de falar-se no futuro consiste no fato de que, dificilmente, as pessoas queixam-se sobre o futuro. Podemos nos lamentar do passado, apontar erros, fazer julgamentos, condenar atitudes ocorridas, mas não nos lamentamos daquilo que está por vir. Quando se fala em futuro, as partes não se queixam, mas sim falam sobre seus planos, esperanças e, também, sobre soluções que possibilitem esse futuro.

---

[89] HAYNES, J. M.; MARODIN, M. Obra citada, p. 16-20.

[90] Idem. Ibidem, p. 19.

[91] Idem. Ibidem, p. 21.

## 4. DESENVOLVIMENTO DE OPÇÕES

Neste estágio, todas as opções, desde que não correspondam a opções unilaterais, são elencadas pelas partes e anotadas pelo mediador. Todas as ideias pensadas devem ser divididas e consignadas na lista, não importando qual é a real possibilidade de sua efetivação.

John M. Haynes denomina essa fase de *brainstorming* (tempestade de ideias)[92]. Primeiramente, o objetivo é colocar cada ideia concebível, sem avaliá-la naquele momento. Depois de listadas todas as ideias, o mediador auxilia os participantes a qualificá-las como altamente possível, possível, improvável e impossível.

Após restarem aquelas altamente possíveis e possíveis, as partes nelas se fixam, discutindo acerca de suas implementações e consequências.

Havendo dificuldades na obtenção de ideias plausíveis, o mediador pode sugerir opções obtidas em casos análogos.

O fim desta fase consiste na obtenção de uma lista de opções plausíveis para a solução da disputa.

## 5. REDEFINIÇÃO DAS POSIÇÕES

Após a reflexão sobre as suas posições e os seus verdadeiros interesses, as partes redefinem as suas posições, que não mais serão aquelas iniciais, unilaterais e, geralmente, inconscientes.

As partes verificam seus reais interesses, os quais consistirão na base para as negociações posteriores.

As posições devem ser traduzidas em interesses. As posições são aquelas tomadas antes do processo de mediação, baseadas em apenas uma parte problema, sob um só ponto de vista. As partes, agora, já definiram o problema, já compreendem-no e, portanto, devem negociar sobre interesses e não sobre posições. No momento em que ocorre a transformação das posições das partes para os seus interesses, elas estão prontas para a fase de negociação.

---

[92] HAYNES, J. M.; MARODIN, M. Obra citada, p. 14-15.

## 6. NEGOCIAÇÃO

Dispondo de todas as informações, com a definição do problema e as opções mútuas, o mediador ajuda os participantes a concentrar em uma questão de cada vez, elucidando-as e encontrando as soluções mais adequadas à satisfação dos interesses de cada um para cada questão envolvida.

Na lição de Maria de Nazareth Serpa, *"quando as discussões estão fluindo, o mediador permanece como elemento de fundo. Só volta a interferir quando os cônjuges fazem vista grossa ao modo cooperativo de negociação e permanecem rígidos numa posição, ou quando um deles está sendo suplantado ou esmagado pelo outro"*.[93]

No momento em que todas as questões são solucionadas, é firmado o compromisso entre os participantes, passando-se para a sua redação.

## 7. REDAÇÃO DO ACORDO

O termo de entendimento corresponde à fase final do processo de mediação.

Nessa derradeira etapa, o mediador redige um termo de entendimento, o qual deve conter os termos do acordo, clarificando, ainda, um ou outro ponto passível de dúvida, procedendo a sua revisão.

A linguagem deve ser clara e compreensível e o mediador deve fornecer uma cópia do termo de entendimento a cada participante.

Como ensina John M. Haynes[94], o termo de entendimento inclui os dados passados, a definição do problema, as opções escolhidas e a razão para a escolha e o objetivo do acordo.

Ainda como nota Maria de Nazareth Serpa, *"o acordo escrito tem de ser, também, concludente, e apresentar alternativas para as situações previsíveis ou imprevisíveis de descumprimento"*[95]. Dentre essas situações podemos citar, por exemplo, o inadimplemento e o atraso na prestação da pensão alimentícia.

Depois, os advogados das partes redigem o termo de entendimento em linguagem jurídica, em forma de petição, e esta é levada a juízo para homologação.

---

[93] SERPA, M. de N. Obra citada, p. 31.
[94] HAYNES, J. M.; MARODIN, M. Obra citada, p. 16.
[95] SERPA, M. de N. Obra citada, p. 35.

# CAPÍTULO VII
# A MEDIAÇÃO FAMILIAR NO MUNDO: UMA VISÃO GERAL

## 1. BREVE HISTÓRICO

Ensina Maria de Nazareth Serpa[96] que os primeiros estudos sobre mediação de família realizaram-se na década de 1970, nos Estados Unidos, com o escopo de encontrar soluções mais adequadas para os casos de separação e divórcio que aumentavam vertiginosamente, causando nocivos efeitos à sociedade norte-americana.

Nas últimas décadas, o divórcio movimentou estudos psicológicos e sociológicos. Vários advogados e psicólogos começaram a se ver malogrados na obtenção de respostas adequadas para as questões que lhes eram postas referentes às famílias que se dissolviam, o que lhes causava frustrações. Iniciou-se a concepção do divórcio multidimensional, que necessita do auxílio de diversas ciências além da jurídica.

[96] SERPA, M. de N. Obra citada, p. 21-23.

Em 1974, o psicólogo e advogado Coogler fundou o *Family Mediation Center*, em Atlanta. Em 1978, publicou seu livro *Structured Mediation in Divorce Settlement*, no qual propõe uma estrutura sobre a qual deve se apoiar a mediação familiar.

Coogler teve como seus principais seguidores Erickson e Haynes. Não obstante Coogler e Haynes proponham diferentes métodos para a mediação familiar (como já exposto, Coogler propõe um modelo multidisciplinar, enquanto Haynes, um modelo unidisciplinar), ambos têm o objetivo de desenvolver e implantar a mediação familiar nos estados norte-americanos.

Conforme explicita Maria de Nazareth Serpa[97], atualmente, os serviços de mediação nos Estados Unidos são fornecidos tanto no setor público como no privado, sendo de três tipos: os organizados pelos tribunais (denominados *court -anexed-mediation*), os privados e aqueles realizados em agências ou clínicas.

Segundo estudos da autora retromencionada,[98] no início, as mediações conexas aos tribunais eram obrigatórias ou voluntárias. Em 1981, o estado da Califórnia dispôs sobre a mediação na Seção 4.607 de seu Código Civil. Depois, vieram as leis dos estados de Kansas, Maine, Oregon, Washington, Michigan, New Hampshire e Flórida.

O primeiro serviço de mediação realizado por tribunais norte-americanos de que se tem notícia foi o do estado de Maine, que iniciou, em 1976, seu programa de serviço de mediação familiar pelo *Cumberland Country Bar Association,* que também existe em Wisconsin. Em 1977, o estado de Minnesota iniciou seu programa, seguido pelos Estados de Alaska, Arizona, Califórnia, Connecticut, Delaware, Flórida, Hawai, Illinois, Indiana, Maine, Michigan, Nevada, New Jersey, New York, Ohio, Oregon, Pensilvânia, Washington e Winscosin. Alguns programas especiais foram estabelecidos em Massachusetts, Minnesota, Missouri, Montana, Nebraska, Oklahoma, Texas e Virgínia.

Geralmente, as despesas dos serviços de mediação nos Estados Unidos são custeadas por receitas de impostos locais, propiciados por taxas de licença de casamento e divórcio.

Ainda, cresce cada vez mais, nos Estados Unidos, a prática privada da mediação, realizada por profissionais através de sessões particulares com casais com problemas conjugais, bem como o número de clínicas de saúde mental e

---

[97] SERPA, M. de N. Obra citada, p. 44.
[98] Idem. Ibidem, p. 34-36.

agências comunitárias que oferecem uma série de serviços, dentre os quais, a mediação familiar.

Na Europa, o primeiro país a instituir a prática da mediação foi o Reino Unido, que criou, em 1976, em Bristol, o primeiro Centro de Mediação Familiar, que se estendeu a todo o país.[99]

A partir da década de 1980, diversos países europeus, tais como França, Áustria, Alemanha, Bélgica, Finlândia, Itália, Polônia, Espanha, Eslovênia, Noruega e Suécia, criaram serviços de mediação familiar.

A mediação, nesses países, também pode ter caráter público ou particular. No Reino Unido, na França, Áustria e Alemanha, a mediação está fundamentalmente organizada por organismos independentes do Estado e privados, havendo, outrossim, uma complementação por um sistema de Apoio Judiciário Estadual. Já na Bélgica, Finlândia, Itália, Polônia, Espanha, Eslovênia, Noruega, Suécia, em Andorra e em alguns casos na Alemanha, é do próprio Estado ou dos municípios a obrigação do fornecimento dos serviços de mediação.

Águida Arruda Barbosa expõe que a mediação agrupa duas tendências bem definidas. Uma, oriunda da Argentina que, por sua vez, segue o modelo norte-americano, multidisciplinar, segundo o qual a mediação é vista como um modo de resolução do conflito, de buscar o acordo. Outra, europeia, originária da França, que utiliza um modelo mais interdisciplinar, no qual a mediação é vista como um modo de transformação do conflito[100].

Contudo, acreditamos que a resolução do conflito familiar e a sua transformação estão intimamente ligadas. A mediação de família busca tratar de uma maneira mais adequada o conflito familiar e também visa ao acordo, mas, como já foi explicitado, um acordo efetivo, que satisfaça aos interesses das partes. E é preciso que as partes recuperem a comunicação que se interrompeu, que compreendam o conflito para chegar ao acordo, o que acarreta uma transformação do conflito.

Realizadas tais considerações, passemos a expor o desenvolvimento da mediação em alguns países.

---

[99] RIOS, P. L. Obra citada.

[100] BARBOSA, Águida Arruda. A política pública da mediação e a experiência brasileira. In: PEREIRA, Rodrigo da Cunha (Coord.). *Família e Cidadania – Anais do III Congresso Brasileiro de Direito de Família*. Belo Horizonte: Del Rey, 2002, p. 317-327.

## 2. NO CANADÁ – QUEBEC

Eliedite Mattos Ávila, em trabalho apresentado no III Congresso do Instituto Brasileiro de Direito de Família[101], apresenta o modelo de mediação utilizado por Quebec e propôs, com base nesse modelo, um projeto piloto de mediação familiar em um fórum do estado de Santa Catarina.

Nesse trabalho, a autora apresenta relevantes informações a respeito da mediação no Canadá, informações essas que aqui consignamos.

A mediação familiar foi introduzida no Canadá na década de 1980, por Howard Irving.

No período que compreende o fim da década de 1970 e o início da década de 1980, verificou-se um aumento abrupto e repentino da taxa de divórcio no Canadá, o que gerou uma necessidade de se utilizar outros métodos para atender a essas novas famílias, a fim de que elas se reestruturassem após a sua desconstituição, de uma maneira saudável, reduzindo os efeitos maléficos da separação e do divórcio.

Com essa finalidade, em 1981, foi criado, em Montreal, um projeto piloto em mediação familiar a partir de um acordo entre o Ministério da Justiça, o Ministério das Relações Sociais, a Corte Superior, a Ordem dos Advogados, o Serviço de Ajuda Jurídica e o Centro dos Serviços Sociais de Montreal Metropolitano.

Cuidava-se de um serviço público e gratuito e era denominado Serviço de Conciliação à Família. Sua sede era no Palácio de Justiça e era formado por quatro mediadores da área psicossocial e uma advogada-assessora em meio-período, oferecendo aos casais separandos o serviço de mediação no tocante às questões relativas à guarda de filhos e finanças. Os mesmos profissionais que ofereciam o serviço de mediação também prestavam o serviço de perícia psicossocial, dividindo seu tempo entre um e outro, separadamente.

O Serviço de Conciliação à Família tornou-se permanente em 1984 e teve sua denominação alterada para Serviço de Mediação à Família.

Posteriormente, os serviços de mediação estenderam-se a Quebec e a Laval. Em Montreal, pratica-se a mediação global e, em Quebec, pratica-se a mediação parcial, restrita às questões concernentes às crianças.

[101] ÁVILA, E. M. Obra citada.

Em 1985, a nova lei federal sobre divórcio determina que o advogado tem o dever de informar seus clientes sobre os serviços de mediação.

Em 1986, a regra 22.5 da Corte Superior de Quebec consigna que o tribunal pode, caso se perceba que o litígio seja sujeito a um acordo, adiar a causa e, se as partes concordarem, referi-los ao Serviço de Mediação por um determinado período.

Em 1997, foi introduzido pelo governo de Quebec o Projeto de Lei nº 65, que instituiu a mediação prévia em matéria familiar e alterou disposições do Código de Procedimentos Civis. Segundo esse Projeto de Lei, os casais, casados ou não, que estejam em instância de separação, divórcio ou revisão de julgamento e tenham filhos, deverão comparecer a uma primeira sessão de informação sobre mediação familiar, quando não concordarem sobre a guarda dos filhos, o montante da pensão alimentícia ou sobre a divisão dos bens. Essa primeira sessão é realizada por um profissional da área jurídica e outro da área psicossocial, que explicam os métodos de solução dos conflitos familiares, e é gratuita. Caso resolva dar continuidade ao processo de mediação, o casal tem acesso a mais cinco sessões gratuitas, subvencionadas pelo poder público.

Ainda segundo o Projeto de Lei nº 65/97, faz-se necessário para ser mediador: ser credenciado pela comissão de organismos que habilitam os mediadores familiares ou pela Associação de Mediação Familiar de Quebec; ser membro de qualquer uma das seguintes instituições: Ordem dos Advogados de Quebec, Câmara dos Cartórios, Conselho Profissional dos Psicólogos, Conselho Profissional dos Assistentes Sociais, Conselho Profissional dos Orientadores Educacionais, ou, também, ser funcionário de um Centro de Proteção à Infância e à Juventude; ter uma formação universitária adequada; e ser membro do conselho multidisciplinar deste estabelecimento. É preciso, também, ter dois anos de experiência em sua área prática, formação de base de 40 horas de mediação familiar e formação complementar de 45 horas em mediação familiar supervisionada por outro mediador.

Em 1998, o número de mediadores credenciados em Quebec era de 1.195, dentre os quais 44,6% eram advogados; 18,3% eram assistentes sociais; 17,2%, psicólogos; 14,5%, cartorários; 4,1%, orientadores educacionais; e 1,2%, funcionários de centros para a juventude.

O modelo de mediação praticado em Quebec é de origem americana e baseia-se na interdisciplinaridade, considerando aspectos legais, sociais e psicológicos. A negociação é cooperativa, procurando sempre atender a quatro elementos: tratar de maneira separada as questões das pessoas das partes e o conflito, focalizar os interesses e não as posições, pensar no maior número de soluções possíveis antes de tomar qualquer decisão e exigir que o resultado se paute em critérios objetivos.

O processo de mediação é dividido em seis fases: a introdução ao processo de mediação, a verificação da decisão da separação e do divórcio, a negociação das responsabilidades parentais, a negociação da divisão dos bens, a negociação da divisão das responsabilidades financeiras e a redação do projeto de acordo. Cada fase é dividida em quatro subfases, que são a identificação das questões, a coleta de informações, a criação de opções e a tomada de decisões.

Quanto ao perfil dos mediadores em Quebec, segundo uma pesquisa realizada através de entrevistas com dez mediadores, sendo quatro com formação em Direito, quatro em Serviço Social, um em Psicologia e um em Sociologia, foi constatado que os mediadores apresentaram um mínimo de 7 anos e o máximo de 33 anos de prática profissional, o que proporciona uma média de 21,3 anos de profissão.

Especificamente na prática da mediação familiar, os mediadores apresentam um mínimo de 1 ano e um máximo de 18 anos de experiência, gerando uma média de 7,2 anos.

Nove dos mediadores entrevistados trabalham em organismos privados, sendo que quatro deles também trabalham em organismos públicos, e um trabalha em organismo comunitário.

Os usuários do serviço de mediação são casais, com predomínio da classe média, seguida da classe alta e, depois, da classe mais pobre da população. Na maioria das vezes, procuram o serviço de mediação voluntariamente ou são encaminhados por outro profissional. O nível de instrução dos usuários corresponde a 49,7% do ensino médio, 34,7% do nível universitário, 24,2% do ensino fundamental II e somente 0,5% do ensino fudamental I.

De acordo com os mediadores entrevistados, as principais causas da separação e do divórcio são concernentes às dificuldades de comunicação e à infidelidade.

Os mediadores intervêm nos casos de guarda, direito de visita ou acesso, alimentos e divisão de bens e em todas as questões referentes à separação, trabalhando, assim, num serviço de mediação global. A intervenção é sempre feita através de entrevistas conjuntas, e as entrevistas individuais só são realizadas em casos nos quais a raiva e a carga emocional dos cônjuges é muito grande ou nos casos de violência conjugal. Nesses últimos, na realidade, os mediadores raramente intervêm, solicitando medidas de segurança para a vítima. Quando há agressões sofridas por mulheres, os mediadores as encaminham, juntamente com os filhos, para casas de abrigo, nas quais recebem orientação jurídica, social e psicológica.

Para a maioria dos mediadores, o número de sessões necessário para se alcançar um acordo sumário é de quatro a seis. Por volta de 80% dos acordos são homologados judicialmente, por intermédio de um procurador comum a ambas as partes. O papel do advogado é o de dar efeito jurídico ao acordo celebrado.

No que se refere às questões concernentes aos filhos, a maioria dos mediadores raramente propõe a inclusão das crianças e dos adolescentes no processo de mediação, alegando que tal inclusão é maléfica em razão de acarretar-lhes sentimentos de ansiedade e impotência. O modelo de guarda aconselhado pelos mediadores aos pais é o da guarda compartilhada.

As principais prioridades apontadas pelos mediadores canadenses são a responsabilização dos cônjuges, levando-os a tomar decisões que tenham como espeque o melhor interesse de seus filhos e a obtenção de um acordo que satisfaça aos reais interesses dos membros da família desconstituída.

Segundo dados do Ministério da Justiça, 80% a 90% dos usuários estão satisfeitos com o serviço de mediação familiar, e 64% dos casais beneficiados obtiveram entendimento parcial ou completo. Em Montreal, o valor das pensões alimentícias é mais elevado na razão de 22% nos casos de separação com mediação. As estatísticas revelam, também, que houve uma melhor compreensão da lei e suas opções jurídicas pelos usuários e foi acentuado o papel parental com a mediação.

Tais dados só demonstram o sucesso da mediação no Canadá.

## 3. EM PORTUGAL

Não há uma lei que discipline a mediação familiar em Portugal. Diversos autores como Antonio H. L. Farinha, Conceição Lavadinho[102] e Paula Lucas Rios[103] propõem uma regulamentação legal da mediação familiar no

---

[102] FARINHA, A. H. L.; LAVADINHO, C. Obra citada.

[103] RIOS, P. L. Obra citada.

país, com fundamento nos direitos de reserva da intimidade da vida privada e familiar, da educação dos filhos sem interferências injustificadas de terceiros ou do Estado, direitos esses assegurados pela Constituição da República Portuguesa, além de diversos dispositivos do Código Civil Português que preconizam, sempre, a via do mútuo consentimento e da conciliação na solução das controvérsias familiares.

Um dos principais argumentos utilizados por esses autores para a edição de uma lei que discipline a mediação familiar consiste na necessidade de promoção de condições mais saudáveis para o desenvolvimento social e psicológico dos filhos dos casais que se separam, bem como na responsabilização dos pais, visando ao melhor interesse da criança.

Não obstante a inexistência de uma lei que a regulamente, a mediação familiar vem sendo praticada em Portugal desde 1993. Nesse ano, foi criado, por psicólogos, terapeutas familiares, juristas e magistrados, o Instituto Português de Mediação Familiar.

Nos anos de 1994 e 1995, o aludido Instituto e o Centro de Estudos Judiciários organizaram e ministraram o primeiro curso de formação de mediadores familiares.

Em janeiro de 1997, surgiu a Associação Nacional para a Mediação Familiar, composta por magistrados, advogados, psicólogos, terapeutas familiares, todos com formação em mediação familiar. O objetivo da Associação era dinamizar, divulgando a mediação familiar, a formação inicial dos mediadores e a definição do quadro normativo do exercício profissional da mediação familiar.

Em maio daquele mesmo ano, através do protocolo de colaboração celebrado entre o Ministério da Justiça e a Ordem dos Advogados, criou-se o projeto "Mediação Familiar em Conflito Parental", visando ao estabelecimento, com caráter experimental, de um serviço de mediação familiar para questões concernentes à regulação do exercício do poder paternal na comarca de Lisboa. Tal serviço era acessível aos casais em situação de separação e divórcio e era fundado em técnicas interdisciplinares, em conexão aos tribunais.

O projeto foi concretizado pelo Despacho nº 12.368/97 do Ministério da Justiça, que determinou a criação de um gabinete, dependente daquele Ministério, com o objetivo de garantir a prestação de um serviço público de mediação familiar para casais em situação de ruptura.

A atuação desse Gabinete de Mediação Familiar estava limitada às controvérsias que versavam sobre a regulação do exercício do poder parental, a modificação da regulação do exercício do poder paternal e o não cumprimento do regime do exercício do poder parental, cujos julgamentos eram de competência da comarca de Lisboa.

O Gabinete intervém não só em casos ainda não apresentados ao juízo como também naqueles já apresentados, mas nos quais ocorreu a suspensão do processo judicial.

As principais atribuições do Gabinete de Mediação Familiar são o atendimento dos usuários, a orientação, a mediação e o acompanhamento em situações de conflito parental, a divulgação dos objetivos e métodos da mediação familiar, a formação na atividade, a investigação e a avaliação da atividade de mediação.

O supramencionado Despacho define estratégias para cada uma dessas atribuições.

No que concerne ao atendimento, a finalidade é a promoção de uma atitude conciliadora e facilitadora da negociação do conflito familiar e a desdramatização do processo de ruptura familiar apelando-se para a capacidade de redefinição das funções parentais pelos próprios interessados, através do atendimento de famílias em fase de ruptura e do estabelecimento de contatos com profissionais das áreas jurídica e psicossocial e com meios de comunicação social.

O objetivo da mediação propriamente dita é o de oferecer ao casal em fase de separação um contexto adequado à negociação. Para tanto, busca-se possibilitar a autodeterminação do casal, garantir a continuidade das relações paterno-filiais, fomentar a coparentalidade, prevenir as inexecuções dos acordos que disciplinam o exercício do poder paternal, e modificar as formas de comunicação entre os entes da família em separação. Tal objetivo pode ser alcançado pela organização de grupos de entreajuda e debates.

A prioridade é o atendimento a situações prejudiciais, mas o Gabinete também atende a situações com processo judicial pendente, mediante suspensão voluntária da instância.

Almeja-se promover uma cultura de negociação e de normalização consensual dos conflitos, o que também pode ser obtido pela realização de debates e pela elaboração e divulgação de informação.

O Gabinete também busca formar técnicos de mediação familiar e prover apoio técnico aos mediadores familiares, através do intercâmbio de experiências de mediação e contatos com instituições e serviços referentes à mediação familiar da União Europeia.

Para constatar a qualidade e eficácia do serviço de mediação familiar proporcionado, o Gabinete de Mediação Familiar utiliza-se de questionários e entrevistas.

Os resultados, nesses quatro anos, têm sido muito positivos e a experiência prática da mediação familiar realizada pelo Gabinete de Mediação Familiar é apontada como um apoio à regulamentação legal da mediação familiar em Portugal.

Segundo informações consignadas por António de Teixeira Duarte, em *workshop* sobre mediação familiar apresentado em 4.10.2007 e organizado pelo Parlamento Europeu e pela Presidência Portuguesa da União Europeia[104], desde o mês de julho daquele ano, o Gabinete de Mediação Familiar deixou de ter uma estrutura física e foi criado um Sistema de Mediação Familiar, gerido a partir do Ministério da Justiça em Lisboa, realizando-se as mediações onde os mediadores considerem mais conveniente, podendo aproveitar as instalações de outras estruturas de resolução alternativa de litígios como os centros de arbitragem ou os julgados de paz (tribunais de conciliação informais), ou as instalações que forem disponibilizadas por autarquias locais.

Tal sistema, em outubro de 2007, já funcionava em 15 (quinze) cidades portuguesas.

Com efeito, em 2007, houve um grande avanço da mediação em Portugal que refletiu na implementação de um sistema público de mediação laboral, na aprovação de uma lei de mediação penal e no alargamento da rede de julgados de paz.

Em razão de tais aspectos, há grande expectativa para a publicação de lei disciplinadora da mediação em matéria civil e comercial, a qual também será aplicada à mediação familiar.

## 4. NA FRANÇA

No direito francês, a mediação foi introduzida pela Lei de 8 de fevereiro de 1995 e pelo Decreto de aplicação de 22 de julho de 1996.

---

[104] Disponível na Internet via http://www.europarl.europa.eu/comparl/juri/hearings/20071004/duarte2_en.pdf. Acesso em 27.7.2008, às 20h00.

O Código de Processo Civil Francês, em seu título VI, dispõe sobre as modalidades de mediação. Os artigos 131-1 a 131-15 estipulam os pressupostos e princípios que disciplinam o processo de mediação, a nomeação, o acesso, a duração, os direitos e deveres do mediador e das partes, a atividade do mediador, a remuneração do mediador, o procedimento da mediação e o acordo.

Nos termos do artigo 131-1, o juiz pode, após obter o assentimento das partes, designar uma terceira pessoa a fim de fazer o entendimento das partes e confrontar seus pontos de vista para encontrar uma solução ao conflito que lhes opõem.

Mas, na prática, como expõe Danièle Ganancia[105], a mediação no processo judicial iniciou-se no final da década de 1980, por juízes que fundamentavam a utilização da mediação no artigo 21 do Código de Processo Civil Francês que consignava a missão do juiz de conciliar as partes.

Em 1988, foi criada a Associação pela Promoção da Mediação Familiar (APMF), que é coordenada por uma comissão composta por vários países europeus, visando à formação de mediadores, ao reconhecimento de referida formação perante os Estados e à uniformização dos critérios para a habilitação profissional dos mediadores.[106]

Em novembro de 1994, os juízes de família do Tribunal de Grande Instância de Nanterre, com o apoio do presidente Coulon, criaram uma associação de mediação denominada APCE, originada da Associação Francesa dos Centros de Consulta Conjugal.[107]

É de se consignar, também, que a *Loi nº 98-1163 du décembre 1.998 relative à l'accès au droit et à rèsolution amiable dês conflits* instituiu a possibilidade de recorrer-se à mediação para a solução de causas penais. A mediação no âmbito penal é, hoje, na França, ainda mais praticada do que no civil.

Atualmente, existem cerca de 80 (oitenta) serviços de mediação familiar tanto no setor associativo como no privado[108].

Quanto à duração da mediação familiar, o Decreto de 22 de julho de 1996, fixa o período de três meses, renovável por igual período e podendo, ainda, ser prorrogado pelo juiz, através de uma nova decisão.

---

105 GANANCIA, D. Obra citada, p. 7.
106 FARINHA, A. H. L.; LAVADINHO, C. Obra citada, p. 22.
107 GANANCIA, D. Obra citada, p. 7.
108 FARINHA, A. H. L.; LAVADINHO, C. Obra citada, p. 22.

A qualquer tempo, o juiz pode retomar suas funções, determinando medidas que lhe pareçam necessárias, segundo o artigo 131-2 D do Código de Processo Civil.

A eficácia do acordo é subordinada ao controle ulterior do juiz e este só homologará os acordos que estiverem consoantes ao intuito da mediação e atendam ao requisito da possibilidade jurídica, nos termos do artigo 131-12 daquele diploma legal.

De acordo com os dados dos serviços de mediação familiar, há obtenção de acordos em cerca de 50% a 65% das controvérsias.[109]

Em 1998, no Tribunal de Grande Instância de Nanterre, a APCE-92 realizou 140 mediações, as quais obtiveram 50% de acordos.[110]

Segundo dados da Câmara Social da Corte de Apelação de Grenoble, em outubro de 1999, dos 1.800 processos em curso, 225 foram objeto de uma proposta de mediação, ou seja, 14% do contencioso. Das 225 propostas, 127 foram recusadas e 128 aceitas, o que corresponde a 50% das propostas. Das mediações realizadas, 56% resultaram em um protocolo de acordo.[111]

O custo médio de uma mediação familiar na França corresponde a 3 mil francos para as duas partes, quantia inferior a um trabalho de perícia social.[112]

Há apoio financeiro à rede associativa de mediação oferecido pelos poderes públicos franceses, o que favorece a criação de serviços de mediação. Em 1999, foram alocados, pelo Ministério da Justiça, 3,4 milhões de francos às associações de mediação familiar.[113]

A mediação não é obrigatória, mas em Nanterre, Lion, Meaux e Evry é proposto às partes, desde a distribuição de uma ação cujo objeto seja de natureza familiar, que se dirijam a um serviço de mediação antes da audiência.

Atualmente, verifica-se, na França, um movimento no sentido de ampliar a divulgação da mediação, tornando obrigatória uma informação sistemática pelos tribunais e a realização de pelo menos um encontro entre as partes e um mediador designado pelo juiz.

---

[109] CHARBONNIER, Laurence. *La mediation civile.* Disponível na Internet via http://www.avocats-nancy.com. Acesso em 2.11.2002, às 13h.
[110] GANANCIA, D. Obra citada, p.13-14.
[111] CHARBONNIER, L. Obra citada.
[112] GANANCIA, D. Obra citada, p. 13.
[113] Idem. Ibidem, p. 14-15.

## 5. NA ARGENTINA

A institucionalização da mediação na Argentina, assim como a de outros meios considerados como alternativos, surgiu como uma necessidade de enfocar o problema da crise da Justiça de uma nova forma.[114]

Na realidade, como expõem Caivano, Gobbi e Padilla, a política oficial para a implementação de institutos como a mediação, a conciliação e a arbitragem esteve mais voltada ao descongestionamento dos tribunais, relegando a um segundo plano o problema de fundo da cultura de litígio e de seus malefícios[115].

A partir de 1992, o governo nacional, oficialmente, declarou o interesse na institucionalização e desenvolvimento da mediação, incumbindo a fomulação de projetos de lei e regulamentações legais nesse sentido ao Ministério da Justiça, o que foi efetivado com o Decreto nº 1.480/92.[116]

Referido Decreto dispôs sobre a criação de um Corpo de Mediadores, dependente do Ministério da Justiça, e de um Plano Nacional de Mediação, visando despertar a consciência nacional das vantagens da mediação. O Centro de Mediadores, constituído por advogados formados e treinados em mediação, prestava serviços por delegação dos juízos, pela solicitação direta das partes ou de organismos públicos ou entidades privadas. Funcionou, também, no Ministério da Justiça uma Escola de Mediação, objetivando formar mediadores.

No período compreendido entre fevereiro de 1994 e dezembro de 1995, foi realizado, conforme previsto no artigo 9º do Decreto supracitado e da Resolução nº 983/993 do Ministério da Justiça, um projeto piloto de mediação na Argentina. Referido projeto consistia em um programa segundo o qual 20 (vinte) juízos civis informavam as partes acerca do serviço de mediação e delegavam as causas ao Centro de Mediação, objetivando provar a instituição da mediação no país antes da edição de uma lei que a instituísse com caráter obrigatório.[117]

De acordo com as estatísticas do Centro Piloto de Mediação do Ministério da Justiça, 52,34% dos casos foram resolvidos pelo ajuste entre as partes[118].

---

[114] CAIVANO, R. J.; GOBBI, M.; PADILLA, R. E. Obra citada, p. 51-60.

[115] Idem. Ibidem, p. 52-53.

[116] Idem. Ibidem, p. 57.

[117] Segundo informações obtidas no site da Fundación Libra. Disponível via: http://www.fundacionlibra.org. Acesso em 19.9.2002.

[118] Idem.

O êxito da experiência foi tão grande, que chegou a ser cogitado ampliar a experiência, em vez de se impor a mediação obrigatória.[119]

Não obstante, tendo em vista a necessidade de se fazer algo rápido, em 1996, foi editada a Lei nº 24.573, que instituiu com caráter obrigatório a mediação prévia a toda demanda judicial iniciada a partir de 23 de abril daquele ano, no âmbito dos tribunais de Buenos Aires. A mediação, assim, foi estabelecida como requisito de admissibilidade da ação. Referida Lei foi regulamentada posteriormente pelo Decreto nº 91/98.

No período em que a Lei nº 24.573/96 ainda estava em fase de projeto, diversas entidades, como a Academia Nacional de Direito e Ciências Sociais de Buenos Aires, já haviam tecido ferrenhas críticas ao seu caráter obrigatório, uma vez que um dos princípios da mediação é a voluntariedade.[120]

Foi observado também que, no dia anterior ao da entrada em vigor da lei, ingressaram, aproximadamente, 1.500 ações judiciais. Nos dias posteriores, o número de ações foi inferior a 50 por dia.[121]

A lei também prevê a mediação privada e voluntária, ao dispor, em seu artigo 1º, que as partes não são obrigadas a cumprir a instância de mediação prévia se já tiver ocorrido uma tentativa de mediação (total ou parcialmente frustrada) realizada por mediadores devidamente registrados pelo Ministério da Justiça.

Segundo a legislação argentina, a mediação deve ser realizada por um mediador registrado e certificado. Ainda segundo a lei, para ser mediador é necessário ser advogado com três anos de experiência na prática de sua profissão; ser aprovado em três cursos que têm por objeto matérias como métodos alternativos de resolução de disputas (ADR), mediação, comunicação, negociação, ética, técnicas especiais de resolução colaborativa de conflitos, com exercícios práticos e treinamento em geral, e observância de mediações realizadas por mediadores experientes para depois comentá-las e analisá-las em laboratórios especiais; dispor de um escritório ou um local que permita um desenvolvimento adequado da mediação; e proceder ao pagamento do valor de $ 100 a título de matrícula anual de inscrição, destinado ao Fundo de Financiamento do sistema. Há dispositivos na lei dispondo sobre as causas de escusa/recusa do mediador, seus direitos e deveres, bem como as sanções previstas no caso destes últimos.

---

[119] CAIVANO, R. J.; GOBBI, M.; PADILLA R. E. Obra citada, p. 58.
[120] Idem. Ibidem, p. 58-59.
[121] Idem. Ibidem, p. 59.

Vejamos, resumidamente, os principais pontos do processo de mediação no regime da Lei nº 24.573/96.[122]

O processo inicia-se com a apresentação, perante a Mesa Geral de Entrada (distribuidor) do Fórum, de um formulário devidamente preenchido pela parte que deseja ingressar com uma ação em juízo, devendo constar os nomes e as qualificações das partes em disputa e o objeto da lide. Também é obrigatório o pagamento de uma taxa como requisito para o sorteio do mediador. São sorteados, além do mediador, o juiz e o membro do Ministério Público.

A apresentação do formulário suspende a prescrição. Embora a lei nada fale, entende-se que a tentativa de mediação privada também gera o mesmo efeito, sob pena de criar-se uma desigualdade que a própria lei não cria.

A outra parte é notificada para comparecer à audiência pessoalmente, exceto nos casos de pessoa jurídica e nos casos de pessoas residentes a mais de cem quilômetros da capital; neste caso, é possível exigir a sua presença mediante o pagamento das despesas pelo requerente. O não comparecimento injustificado de qualquer das partes dará lugar a uma multa. As partes também devem, em todas as audiências, serem assistidas por advogado.

Importante frisar que a parte só é obrigada a comparecer à audiência e não a transigir. Nessa audiência, o mediador deve explanar às partes as vantagens do processo de mediação e de se obter um acordo.

Ao final da mediação, deve-se lavrar uma ata, constando se ela restou frutífera ou não.

Não há qualquer prescrição na lei sobre a necessidade do acordo ser homologado judicialmente ou não. Também não dispõe expressamente sobre a execução do acordo de mediação, do que se conclui que este se constitui em título executivo.

Os honorários do mediador, na hipótese de obtenção de acordo, são pagos pelas partes em quantia fixa, vinculada ao valor da disputa. No caso de não se obtido o acordo, os honorários são pagos pelo Fundo de Financiamento.

Nos termos do artigo 2º da referida lei, estão excetuadas da obrigatoriedade da mediação as seguintes demandas: *acciones de sepación personal y divorcio, nulidade de matrimonio, filiación y patria potestad, com excepción de las cuestiones patrimoniales derivadas de éstas,* conforme item 2 do artigo su-

---

[122] CAIVANO, R. J.; GOBBI, M.; PADILLA, R. E. Obra citada, p. 293-378.

pramencionado. Também de acordo com este dispositivo, *el jues deberá dividir los procesos, derivando la parte patrimonial al mediador.*

Uma das críticas proferidas pela Academia Nacional de Direito e Ciências Sociais de Buenos Aires consistia na exclusão das causas familiares (com exceção das questões patrimoniais) do rol da mediação, pois considerava tais causas especialmente propícias à mediação. Consignou, nesse sentido, que em 1967 o Projeto dos Tribunais de Família havia instituído uma instância prévia e obrigatória de conciliação ante um organismo a ser criado, que deveria ser denominado Instituto de Família.

Ainda, foram apresentados três Projetos de Lei visando à instituição da mediação também para as causas de família, sendo o primeiro originário do Poder Executivo, o segundo, da senadora Graciela Fernández Meijide e o terceiro, da deputada Maria Laura Leguizamón.[123]

Além disso, a Presidência da Câmara Nacional de Apelações no Civil, em razão da eficácia e idoneidade da mediação para a resolução dos conflitos familiares, resolveu incluir, também, no sorteio para mediação, as demandas que tiverem por objeto questões referentes à guarda de filhos, regime de visitas e liquidação de sociedade conjugal.[124]

Segundo estatísticas da Câmara Nacional de Apelações no Civil de Buenos Aires, no período de abril de 1996 a abril de 1999, 45% dos casos mediados obtiveram acordo.[125]

Nas demais províncias, está se organizando a mediação de uma forma distinta, conexa ou anexa ao juízo, baseada em modelos de outros países. Algumas dessas províncias têm leis sobre mediação, enquanto outras só praticam-na no âmbito privado. Ainda, a mediação comunitária está se proliferando em centros comunitários, nos quais a mediação pode ser realizada por mediadores que não são advogados.

Podem, ainda, ser verificadas, em todo o país, as mediações praticadas por instituições privadas, provedoras de serviços de mediação e arbitragem, que geralmente estão a cargo do treinamento dos mediadores, sendo supervisionadas pelo Ministério da Justiça em Buenos Aires.[126]

---

[123] CAIVANO, R. J.; GOBBI. M.; PADILLA, R. E. Obra citada, p. 514-536.

[124] Segundo dados da Fundación Libra.

[125] Idem.

[126] Idem. Ibidem.

As críticas quanto ao caráter obrigatório da mediação ainda continuaram. De acordo com as estatísticas do Centro Público de Mediação do Ministério da Justiça para o período de junho de 1994 a maio de 1997, quando as partes voluntariamente concorriam para a mediação, a porcentagem de casos em que se obtiveram acordos era de 60,38%, enquanto nos casos de mediação judicial obrigatória a porcentagem era de 43,51%.[127]

No entanto, muitos autores, até os que apresentam posição contrária à obrigatoriedade da mediação, apontam que esse caráter obrigatório auxiliou na difusão do instituto da mediação por todo o país e na propagação da cultura da mediação, com a utilização de técnicas avançadas. Também ajudou para que todos tivessem conhecimento sobre as utilidades e vantagens dos meios alternativos de resolução de controvérsias em geral e, em especial, para a instalação da mediação na consciência dos cidadãos.

[127] Idem.

# CAPÍTULO VIII
# A MEDIAÇÃO NO BRASIL

## 1. NO ORDENAMENTO JURÍDICO

O ordenamento jurídico brasileiro não prevê o instituto da mediação. Não obstante, como asseveram Marcial Barreto Casabona[128] e Euclides de Oliveira[129], há diversos dispositivos, tanto na Constituição Federal como na legislação infraconstitucional, que mostram a preocupação do legislador brasileiro na busca da solução dos conflitos, sobretudo os familiares, através do consenso dos próprios litigantes, bem como regras que, implicitamente, autorizam a prática da mediação nas lides, especialmente as que versam sobre direito de família.

A Constituição Federal do Brasil, em seus artigos 226 a 230, assegura à família a proteção do Estado, por representar a base da sociedade. Da análise

---

[128] CASABONA, Marcial Barreto. Mediação e lei. *Revista do Advogado.* São Paulo: Associação dos Advogados de São Paulo, n. 62, p. 84-92, mar. 2001.

[129] OLIVEIRA, Euclides de. O percurso entre o conflito e a sentença nas questões de família. *Revista do Advogado.* São Paulo: Associação dos Advogados de São Paulo, n. 62, p. 103-107, mar. 2001.

desses dispositivos e, tendo-se em vista que a família é um ente através do qual cada um de seus membros busca a sua própria realização, a sua felicidade, depreende-se que essa previsão constitucional de proteção estende-se a todos os membros familiares.[130]

Dessa forma, a Constituição protege não só a família como instituição, mas também cada um de seus componentes, como sujeitos de direito que são.

Um dos direitos fundamentais tutelados pela Constituição é a liberdade de agir dos indivíduos, consignada em seu artigo 5º, II.

O conceito de liberdade, segundo José Afonso da Silva[131], deve ser expresso no sentido de um poder de atuação do homem em busca de sua realização pessoal, de sua felicidade.

Marcial Barreto Casabona, citando a lição do constitucionalista suprarreferido, coloca que a *"liberdade consiste na coordenação consciente de meios necessários à felicidade pessoal e no direito à regência de si mesmo"*. [132]

Paulo Bonavides, em conclusão, ensina que *"a liberdade só tem valor como base de um procedimento ativo e criador, mediante o qual o homem, sem o estorvo de qualquer pressão estranha e sem qualquer encadeamento de uma baixa paixão, visa a suas aptidões e finalidades"*.[133]

Assim, é irrefragável o direito de cada um dos membros familiares de buscar soluções que melhor lhe aprouverem para a resolução de seus conflitos, bem como de obter a consciência de suas desavenças e um amplo conhecimento sobre os objetos das lides, o que é possibilitado pela mediação. As partes em conflito têm o direito de manifestar sua escolha pelo método de sua resolução.

Outro direito fundamental agasalhado constitucionalmente e considerado pelos constitucionalistas como o núcleo essencial, que confere unidade de sentido, de valor e de concordância prática a todo o sistema dos direitos fundamentais, é da dignidade humana.

Na lição de Fernando Ferreira Santos:

---

[130] CASABONA, M. B. Obra citada, p. 86-87.
[131] SILVA, José Afonso da. *Curso de Direito Constitucional.* São Paulo: Malheiros, 1998, p. 236.
[132] CASABONA, M. B. Obra citada, p. 87-88.
[133] BONAVIDES, Paulo. *Ciência Política*. São Paulo: Malheiros, 1998, p. 60.

*Segundo Kant, o homem, e, de uma maneira geral, "todo o ser racional, existe como fim em si mesmo", não só como meio para o uso arbitrário desta ou daquela vontade. Cada homem é um fim em si mesmo. E, se o texto constitucional diz que a dignidade humana é fundamento do Estado, importa concluir que o Estado existe em função de todas as pessoas e não estas em função do Estado.*

*A dignidade, o respeito ao qual toda pessoa tem direito, pressupõe a autonomia vital da pessoa, a sua autodeterminação relativamente ao Estado, às demais entidades e às outras pessoas. Pressupõe o reconhecimento da total autodisponibilidade, sem interferências ou impedimentos externos, das possibilidades de atuação próprias de cada homem e da autodeterminação que surge da livre projeção histórica da razão humana.*[134]

Dessa forma, se a jurisdição tem condições de dispor de um instrumento que leve em consideração as garantias constitucionais da dignidade das pessoas das partes no equacionamento da lide e da liberdade dos litigantes na resolução do litígio, deve utilizar-se desse instrumento.[135]

Saliente-se que tais princípios também se aplicam ao menor, uma vez que o Estatuto da Criança e do Adolescente, em diversos artigos, preconiza a condição do menor como sujeito de direitos, dentre eles o da liberdade e o da dignidade (artigo 4º do ECA)

No âmbito infraconstitucional, principalmente se considerarmos que tanto a mediação quanto a conciliação visam à pacificação do conflito de maneira consensual e que ambas são meios autocompositivos de resolução de controvérsias, encontramos diversos dispositivos em diplomas legais, que fundamentam e autorizam a prática da mediação.[136,137]

Dentre eles, consignamos:

---

[134] SANTOS, Fernando Ferreira. *Princípio constitucional da dignidade da pessoa humana.* Disponível na Internet via http://www.serranoneves.com.br. Acesso em 23.9.2002, às 13h.

[135] CASABONA, M. B. Obra citada, p. 89.

[136] Idem. Ibidem, p. 89-91.

[137] OLIVEIRA, E. de. Obra citada, p. 103-106.

*– NO CÓDIGO DE PROCESSO CIVIL*

O artigo 125 estabelece a responsabilidade do juiz de tentar conciliar os litigantes:

> *"Artigo 125: O juiz dirigirá o processo conforme as disposições deste Código, competindo-lhe:*
>
> *(...)*
>
> *IV- tentar, a qualquer tempo, conciliar as partes".*

O artigo 331 determina a designação de audiência de conciliação na fase saneadora do processo:

> *"Artigo 331: Se não se verificar qualquer das hipóteses previstas nas seções precedentes e a causa versar sobre direitos disponíveis, o juiz designará audiência de conciliação, a realizar-se no prazo máximo de 30 (trinta) dias, à qual deverão comparecer as partes ou seus procuradores, habilitados a transigir".*

O parágrafo único do artigo 447 prescreve a conciliação em causas relativas à família, nas hipóteses em que a transação é admitida:

> *"Artigo 447: Quando o litígio versar sobre direitos patrimoniais de caráter privado, o juiz, de ofício, determinará o comparecimento das partes ao início da audiência de instrução e julgamento.*
>
> *Parágrafo único: Em causas relativas à família, terá lugar igualmente a conciliação, nos casos e para os fins em que a lei consente a transação".*

A jurisprudência não é pacífica no tocante à nulidade do processo pela falta de tentativa de conciliação nas causas que versem sobre direitos patrimoniais de natureza privada. No sentido de nulidade do processo, observe-se os acórdãos insertos em: RT 472/91, 496/205. O entendimento do Superior Tribunal de Justiça inclina-se em tal sentido, consoante pode se observar do Recurso Especial nº 769119/ RR, Primeira Turma, Relator Ministro Teori Albino Zavascki, DJ 26.9.2005, p. 259. Em sentido contrário, veja-se: Bol. AASP 900/32 , RT 482/87, JTA 39/309, 46/66.

O artigo 1.122 estabelece a audiência prévia na separação consensual.

*"Artigo 1.122: Apresentada a petição ao juiz, este verificará se ela preenche os requisitos exigidos nos dois artigos antecedentes; em seguida, ouvirá os cônjuges sobre os motivos da separação consensual, esclarecendo-lhes as conseqüências da manifestação de vontade.*

*(...)."*

O artigo 1.123 prevê a possibilidade de conversão do "desquite" litigioso para o consensual por vontade das partes:

*"Artigo 1.123: É lícito às partes, a qualquer tempo, no curso da separação judicial, lhe requererem a conversão em separação consensual; caso em que será observado o disposto no artigo 1.121 e a primeira parte do § 1º do artigo antecedente".*

*– NA LEI Nº 6.515/77 (Lei do Divórcio):*

O artigo 3º, § 2º, estabelece a fase obrigatória de tentativa de conciliação do casal, bem como impõe ao juiz a obrigação de utilizar-se de todos os meios para que se obtenha a conciliação:

*"Artigo 3º: A separação judicial põe termo aos deveres de coabitação, fidelidade recíproca e ao regime matrimonial de bens, como se o casamento fosse dissolvido.*

*(...)*

*§ 2º O juiz deverá promover todos os meios para que as partes se reconciliem ou transijam, ouvindo pessoal e separadamente cada uma delas e, a seguir, reunindo-as em sua presença, se assim considerar necessário".*

Já no tocante à separação judicial, o entendimento jurisprudencial é uníssono no sentido de que tentativa de conciliação é formalidade essencial e sua falta gera nulidade do processo.

Ressalte-se que o § 2º do artigo 3º, ao dispor que o juiz deverá promover todos os meios para a conciliação das partes, abre espaço para a utilização da técnica da mediação.

Isso porque, apesar de a lei determinar a tentativa de conciliação, esta se vê prejudicada por diversos fatores, como a falta de recursos materiais, de tempo disponível, de aptidão do juiz e até mesmo pelo fato de não haver qualquer imposição coercitiva ao juiz de tentar obter a conciliação das partes. Consigne-se, ainda, que as partes podem, simplesmente, deixar de comparecer à audiência, sendo essa ausência interpretada como inexistência de possibilidade de acordo.

Nesse sentido, a lição de Yussef Said Cahali:

> *A experiência tem revelado relativo êxito no expediente de recuperação da família, ainda que, por vezes, esta recuperação seja marcada pela efemeridade. (...) Um maior êxito, contudo, poderia ser prognosticado não fossem as deficiências da audiência de conciliação como instrumento básico do procedimento, seja pela atmosfera formal que a caracteriza, seja pela falta de preparação ou disposição dos juízes de família para atuarem como conselheiros matrimoniais, seja finalmente pelo pouco tempo disponível.*[138]

O artigo 40, § 2º, determina a prévia audiência de tentativa de conciliação nas ações de divórcio consensual:

> *"Artigo 40: No caso de separação de fato, e desde que completados 2 (dois) anos consecutivos, poderá ser promovida ação de divórcio, na qual deverá ser comprovado decurso do tempo da separação.*
>
> *(...)*
>
> *§ 2º No divórcio consensual, o procedimento será o previsto nos artigos 1.120 a 1.124 do Código de Processo Civil..."*

---

[138] CAHALI, Yussef Said. *Divórcio e Separação.* São Paulo: Revista dos Tribunais, 1999, p. 100.

Assim, no divórcio consensual, como no litigioso, é obrigatória a realização de audiência prévia nos moldes do artigo 3º, § 2º. Veja-se, a respeito, RT 573/205 e RJTJESP 62/250.

O artigo 46 trata da reconciliação do casal:

*"Artigo 46: Seja qual for a causa da separação judicial, e o modo como esta se faça, é permitido aos cônjuges restabelecer a todo o tempo a sociedade conjugal, nos termos em que fora constituída, contanto que o façam mediante requerimento nos autos da ação de separação.*

*Parágrafo único: A reconciliação em nada prejudicará os direitos de terceiros, adquiridos antes e durante a separação, seja qual for o regime de bens".*

*– NA LEI Nº 5.478/68 (Lei de Alimentos):*

O artigo 9º, *caput*, estabelece a tentativa de acordo no início da audiência de instrução e julgamento:

*"Artigo 9º: Aberta a audiência, lida a petição ou termo, e a resposta, se houver, ou dispensada a leitura, o juiz ouvirá as partes litigantes e o representante do Ministério Público, propondo conciliação".*

O artigo 11, em seu parágrafo único, fixa a renovação da proposta de conciliação ao término da audiência, antes da prolação da sentença:

*"Artigo 11: Terminada a instrução poderão as partes e o Ministério Público aduzir alegações finais, em prazo não excedente de 10 (dez) minutos para cada um.*

*Parágrafo único: Em seguida, o juiz renovará a proposta de conciliação e, não sendo aceita, ditará sua sentença, que conterá sucinto relatório do ocorrido na audiência".*

Já foi decidido que a renovação da proposta de conciliação é obrigatória e a sua falta acarreta a nulidade da sentença (*in* RT 511/243).

Como asseveram Euclides de Oliveira e Sebastião Amorim, *"o roteiro previsto na lei para a conciliação admite contornos (...). Possível, até, em situações de encaminhamento mais difícil, colher subsídios de psicólogo ou assistente social de confiança do juízo para aconselhamento das partes no encontro de solução amigável"*.[139]

Assim, é indubitável que o escopo da lei é o de favorecer a resolução das lides, em especial as familiares, pela via consensual e não há, no ordenamento jurídico brasileiro, qualquer norma que coíba a prática da mediação.

A vontade existe, as ferramentas estão postas, resta passar aos atos.

Existe um Projeto de Lei para legitimar o instituto da mediação no Brasil, o qual analisaremos no terceiro tópico deste capítulo.

Ainda, verificamos que a prática da mediação vem crescendo no Brasil, tanto de forma privada, em escritórios e instituições especializadas, quanto no âmbito do Poder Judiciário. Passemos a consignar algumas das experiências realizadas no âmbito do Poder Judiciário.

## 2. ALGUNS EXEMPLOS DA PRÁTICA DA MEDIAÇÃO PARAPROCESSUAL

Tendo em vista os ótimos resultados obtidos em experiências realizadas por outros países, diversos estados brasileiros implantaram setores de mediação atrelados ao Poder Judiciário.

Como informam Raquel Alcântara de Alencar e Eliedite Mattos Ávila[140], em Santa Catarina, o serviço de mediação foi estabelecido através da Resolução nº 11/2001 do Tribunal de Justiça daquele estado. Referido serviço pode ser utilizado de forma extra ou paraprocessual e é destinado às pessoas de baixa renda, que não têm possibilidade de pagar profissionais da rede privada.

---

[139] OLIVEIRA, Euclides de; AMORIM, Sebastião. *Separação e Divórcio*. São Paulo: Universitária de Direito, 1997, p. 149.

[140] ALENCAR, Raquel Alcântara de; ÁVILA, Eliedite Mattos. *Programa de Mediação Familiar no Poder Judiciário de Santa Catarina*. Disponível na Internet via http://www.ibdfam.com.br. Acesso em 28.7.2008, às 18h30.

Conforme dados trazidos pelas citadas autoras, no ano de 2005, o serviço de mediação familiar das varas de família do Fórum de Florianópolis atendeu a 1.618 casos, dos quais 956 foram encaminhados à mediação. Apenas em 30% destes 956 casos não foi possível a obtenção de acordo.

No Tribunal de Justiça do Distrito Federal e dos Territórios, a mediação foi institucionalizada através da Resolução nº 2, de 22 de março de 2002, a qual criou o Programa de Estímulo à Mediação e o Serviço de Mediação Forense, que possui coordenação conjunta da Presidência, da Vice-Presidência e da Corregedoria do referido tribunal.

Referido serviço é acionado a critério do juiz, com a designação de um mediador, que poderá sempre consultar o juiz sobre os procedimentos a serem adotados e não poderá dar testemunho em juízo sobre as informações obtidas no âmbito da mediação.

Nos termos da indigitada Resolução, a participação das partes é voluntária, sendo facultativa, também, a presença dos advogados.

A Resolução em comento também regula a atividade dos mediadores, os quais serão formados e treinados através do Programa de Estímulo à Mediação, sendo certo que o exercício das funções de mediador, por período contínuo superior a um ano, constitui título em concurso público para o cargo de Juiz de Direito Substituto e critério de desempate neste, ou em qualquer concurso realizado no âmbito da Justiça do Distrito Federal.

Na Paraíba[141], também há um Setor Psicossocial do Fórum Cível. Quando os processos são encaminhados para as psicólogas e assistentes sociais para estudo e parecer, é feita uma triagem por essas profissionais daqueles casos que entendam serem viáveis de submissão à mediação. Em seguida, há o convite das partes para que se apresentem ao retromencionado setor. A utilização desse serviço é, pois, totalmente voluntária.

No Tribunal de Justiça de São Paulo, foi editado, em 28.10.2004, o Provimento nº 893, autorizando a criação e instalação do Setor de Conciliação ou de Mediação, nas comarcas do estado, para questões cíveis que versem sobre direitos patrimoniais disponíveis, questões de família e da infância e juventude.

Referido Provimento foi editado com base em exitosas experiências de mediação, tais como o Projeto Piloto de Mediação da Vara da Infância e Ju-

---

[141] Segundo notícia veiculada no *Jornal da Paraíba*, disponível no site http://conflitosfamiliares.blogspot.com/2006/10. Acesso em 28.7.2008, às 21h.

ventude de Guarulhos e o Setor Experimental de Mediação na Vara da Família e Sucessões da Comarca de Jundiaí. Nos termos do indigitado Provimento, era dispensada a participação dos advogados.

Posteriormente, o Provimento nº 893/2004 foi substituído pelo Provimento nº 953, de 9.8.2005, o qual garantiu a presença dos advogados.

Da leitura do referido Provimento, verifica-se que este privilegiou e cuidou mais de disciplinar a atividade da conciliação, mencionando-a de forma exclusiva em 13 (treze) de seus 16 (dezesseis) dispositivos.

No tocante à mediação, o seu artigo 14 limita-se a consignar: *"aplicam-se à mediação, no que for pertinente, as regras dos dispositivos anteriores, relativas ao Setor de Conciliação"*.

Não obstante, referido Provimento é de grande valia, eis que autoriza expressamente a realização da mediação paraprocessual, nos termos nele consignados.

Consoante dispõem os artigos 4º e 5º do Provimento nº 953/2005, a tentativa de conciliação (e de mediação) poderá ocorrer antes do ajuizamento da ação (através do comparecimento voluntário do interessado ou encaminhamento pelo Juizado Especial Cível ou pelo Ministério Público) ou durante o seu curso, em qualquer fase (inclusive na prevista pelo artigo 331 do Código de Processo Civil), a critério do juiz, devendo este, nesta última hipótese, por despacho, determinar o encaminhamento dos autos ao setor para tentativa de obtenção de um acordo amigável.

Recomenda-se, ainda, na hipótese de ação já ajuizada, que o despacho determinando a remessa ao setor de conciliação ou mediação seja proferido, *"preferencialmente, após o recebimento da petição inicial, determinando a citação do réu e sua intimação, por mandado ou carta, para comparecimento à audiência no Setor de Conciliação, constando do mandado ou carta que o prazo para apresentação da resposta começará a fluir a partir da data da audiência se, por algum motivo, não for obtida a conciliação"*. Os advogados também serão intimados para a audiência.

Ressalte-se que o comparecimento das partes à conciliação ou mediação é facultativa.

Ainda, nos termos do artigo 7º do Provimento em análise, poderão ser convocados, a critério do conciliador, profissionais de outras áreas, a fim de que estes, com neutralidade, esclareçam questões técnicas de modo a colaborar com a solução pacífica do litígio.

Além disso, poderão atuar como conciliadores, voluntários e não remunerados, magistrados, membros do Ministério Público e procuradores do Estado, todos aposentados ou da ativa, desde que não haja incompatibilidade destes últimos, advogados, estagiários, psicólogos, assistentes sociais, professores, profissionais de outras áreas, todos com experiência, reputação ilibada e vocação para a conciliação, aferidas previamente pela Comissão de Juízes ou juiz coordenador.

Por fim, o Setor de Conciliação e Mediação terá um juiz coordenador e um adjunto, indicado pela Presidência do Tribunal, e funcionará nas dependências do fórum, sendo viável a celebração de convênios, autorizados pela Presidência do Tribunal de Justiça, com universidades, escolas ou entidades afins para a cessão de estrutura física e equipamentos.

Verifica-se, pois, um avanço na prática da mediação paraprocessual no Brasil, o que é de suma importância para a solução das controvérsias familiares de forma mais digna e eficiente e a disseminação de uma cultura que privilegia o diálogo e a autodeterminação das partes.

## 3. PROJETO DE LEI SOBRE MEDIAÇÃO

Ainda não há no ordenamento jurídico brasileiro uma lei que discipline o instituto da mediação, não obstante a existência de diversos dispositivos constitucionais e infraconstitucionais que permitem e estimulam essa prática.

A tendência à legitimação dos mecanismos extrajudiciais de resolução de controvérsias é uma realidade que pode ser observada a partir das edições da Lei 8.952/94, que alterou os dispositivos 125 a 331 do Código Civil; da Lei 9.009/95, que criou os Juizados Especiais Cíveis e Criminais, tratando, de maneira enfática, a conciliação; da Lei 9.307/96, que disciplinou a arbitragem; e da Lei 9.958/01, que instituiu as Comissões de Conciliação Prévia no âmbito processual trabalhista.

Encontra-se em trâmite perante o Congresso Nacional o Projeto de Lei nº 4287-b/1998 (número no Senado Federal PLC 94/2002), que visa institucionalizar e disciplinar a mediação paraprocessual, o qual de maneira breve aqui abordaremos.

Conforme histórico traçado pelo Instituto Brasileiro de Direito Processual (IBDP)[142], o qual reproduziremos aqui, em 1998, foi apresentado referido Projeto de Lei, subscrito pela deputada Zulaiê Cobra Ribeiro.

---

[142] Disponível na internet via http://www.direitoprocessual.org.br. Acesso em 2/8/2008, às 15h.

A redação original do Projeto era simples e concisa, constituída de apenas 7 (sete) artigos e previa a utilização da mediação, tanto para as causas cíveis quanto para as penais, conforme dispunha o parágrafo único do artigo 1º: *"é lícita a mediação em toda matéria que admita conciliação, reconciliação, transação ou acordo de outra ordem, para os fins que consista a lei civil ou penal"*.

O relator na Câmara, deputado Iedio Rosa, apresentou relatório e voto favorável, sem alteração no texto.

Em 30.10.2002, o Projeto foi aprovado pela Comissão de Constituição e Justiça da Câmara dos Deputados e enviado ao Senado Federal.

O deputado Jarbas Lima apresentou voto em separado, contrário ao Projeto, sustentando, em síntese, não ser a mediação um meio jurídico; lesão ao princípio da inafastabilidade da jurisdição, não ser concebível que o juiz busque convencer as partes a se submeterem à mediação, mas sim, não obtida a conciliação, julgar o feito; no Direito Penal, apenas se admite a conciliação e a transação no âmbito do procedimento dos Juizados Especiais, e no combate ao crime organizado e na proteção a vítima e testemunhas.

No Senado Federal o Projeto recebeu o número PLC 94, de 2002, e foi designado como relator o senador Pedro Simon.

Em 1999, o Instituto Brasileiro de Direito Processual (IBDP) constituiu comissão para elaborar um anteprojeto de lei sobre a mediação no processo civil, que culminou com diversos debates públicos e a elaboração de um texto final. O texto foi apresentado ao Governo Federal. Tendo em vista a existência do Projeto de Lei da deputada Zulaiê Cobra, o qual já havia sido aprovado na Câmara, foi elaborada audiência pública pelo Ministério da Justiça, da qual participaram a citada deputada e as pessoas que com ela colaboravam, bem como o Instituto Brasileiro de Direito Processual (IPDP) e outras organizações envolvidas com o tema. Após intensos diálogos, foi elaborado texto de consenso com a deputada e estabelecida a estratégia de encaminhá-lo ao relator do Projeto no Senado Federal (senador Pedro Simon), solicitando-lhe que o apresentasse como substitutivo.

O senador Pedro Simon, todavia, apresentou substitutivo inspirado no texto elaborado pelo Instituto Brasileiro de Direito Processual, mas com alterações em seus principais aspectos.

Destaque-se que, no indigitado substitutivo, foi excluída a possibilidade de mediação em causas penais e estabelecida, nos termos do § 1º do artigo 15, a obrigatoriedade da comediação *"nas controvérsias que versem sobre o estado da pessoa, devendo dela necessariamente participar psiquiatra, psicólogo ou assistente social"*.

Veja-se, a propósito, as considerações lançadas pelo senador Pedro Simon em seu voto:

> *As sugestões diferem parcialmente do projeto aprovado pela Câmara dos Deputados justamente por avançar na disciplina jurídica da mediação, classificando-a em judicial ou extrajudicial e prévia ou incidental. Outrossim, as sugestões contemplam a formação e seleção dos mediadores, trazendo linhas gerais sobre o Registro de Mediadores, que dará aos interessados – e à sociedade, em última análise – a indispensável segurança para eleger mediadores, com a garantia de que a pessoa ou instituição escolhida goza de reputação ilibada e vasta experiência na atividade.*
>
> *Como fruto dessa interação, apresentamos substitutivo, que entendemos disciplinar de forma mais abrangente o instituto da mediação, avançando em alguns pontos que o projeto original aprovado pela Câmara dos Deputados não contemplava, mas sem atentar contra o seu espírito, ressalva feita à mediação penal, que não concordamos deva integrar o texto.*
>
> *Especificamente quanto à mediação em matéria penal, deve ser feito o registro de que vige nesta seara o princípio da obrigatoriedade da ação penal, que, embora sofra temperamentos, merece um detalhamento incompatível com o texto aprovado pela Câmara dos Deputados. Em verdade, o membro do Ministério Público, que é o* dominus litis *da ação penal pública, dispõe de "discricionariedade vinculada" quanto à transação penal ou à suspensão condicional do processo, de modo que, para o seu efetivo exercício, é indispensável que a lei traga de forma minuciosa as suas hipóteses de cabimento.*

Após a inclusão do Projeto na pauta da Comissão de Constituição e Justiça do Senado Federal, o relator pediu a devolução do projeto para nova análise.

No entanto, o Governo Federal elaborou um Projeto de Lei alterando o artigo 285 do Código de Processo Civil para criar mais uma audiência de conciliação no procedimento ordinário, e, em claro equívoco acerca da conexão entre as matérias (conciliação e mediação), apresentou referido projeto como sugestão ao Projeto de Lei nº 4.287/1988.

Foi apresentado novo relatório pelo senador Pedro Simon, apenas para fazer constar o disposto no inciso LXXVII do artigo 5º da Constituição Federal, introduzido pela Emenda Constitucional nº 45, o qual garante a todos, no âmbito judicial e administrativo, a razoável duração do processo e os meios que garantam a celeridade de sua tramitação.

Posteriormente, foi encaminhado Projeto de Lei autônomo prelo Governo Federal, cujo texto foi elaborado pelo Instituto Brasileiro de Direito Processual (IBDP).

Em 14.3.2006, o relatório reformulado foi recebido e aprovado, na forma de seu substitutivo, pela Comissão de Constituição e Justiça.

Posteriormente, foram anexadas as Emendas nºs 1 a 3, de autoria do senador Juvêncio da Fonseca, e o relatório foi encaminhado ao relator senador Pedro Simon, para análise.

No dia 21.6.2006, foram oferecidas as Emendas nºs 1 a 3 pelo senador Juvêncio da Fonseca, as quais receberam parecer favorável. Durante a deliberação, o senador Aloizio Mercadante ofereceu a Emenda nº 4, que também recebeu parecer favorável.

O Substitutivo (Emenda nº 1 – CCJ) restou aprovado pelo Plenário, ficando prejudicado o Projeto.

Houve o encaminhamento do Projeto (Substitutivo) à Câmara dos Deputados em 11.7.2006.

Em 1.8.2006, o Projeto foi encaminhado à Comissão de Constituição e Justiça e de Cidadania, tendo sido designado como relator o deputado José Eduardo Cardozo, em 16.8.2006.

Em 7.11.2006, o relator apresentou parecer pela constitucionalidade, juridicidade, técnica legislativa e, no mérito, pela aprovação do substitutivo do Senado.

Em 8.11.2006 foi aprovado, pela Comissão de Constituição e Justiça e de Cidadania, requerimento com pedido de retirada de pauta.

Em 28.3.2007, o deputado Leonardo Picciani, presidente da Comissão de Constituição e Justiça e de Cidadania, requereu a reconstituição dos PL's nºs: 4.345/98; 4.827/98; 2.783/00; 3.884/00; 4.593/01; 291/03; 3.670/04; 3.762/04; PDC 497/02; PDC 1.682/02; PLP 64/03 e PRC 82/03.

O indigitado requerimento foi deferido em 10 de abril de 2007.

Atualmente, o Senado aguarda resposta da Câmara dos Deputados.

Traçado o histórico do indigitado Projeto de Lei, passemos a apontar alguns aspectos sobre o seu texto, com as emendas anteriormente referidas.

A mediação é conceituada, em seu artigo 2º, como *"a atividade técnica exercida por terceiro imparcial que, escolhido ou aceito pelas partes interessadas, as escuta, orienta e estimula, sem apresentar soluções, com o propósito de lhes permitir a prevenção ou solução de conflitos de modo consensual"*. Como se vê, o conceito de mediação adotado é mais restrito do que o discorrido pela doutrina, conforme expusemos no presente trabalho.

Nos termos do artigo 3º, a mediação paraprocessual será prévia ou incidental, em relação ao momento de sua instauração, e judicial ou extrajudicial, conforme a qualidade dos mediadores.

Ainda, conforme os artigos 1º e 4º, a mediação é lícita nos conflitos de natureza civil, em toda matéria que admita conciliação, reconciliação, transação ou acordo de outra ordem, incluindo, pois, as lides familiares. Também pode versar sobre todo o conflito ou parte dele (artigo 5º), e será sempre sigilosa, salvo estipulação expressa em contrário pelas partes (artigo 6º).

Nos termos dos artigos 7º e 8º, o acordo resultante da mediação será denominado termo de mediação e deverá ser subscrito pelo mediador, pelas partes e pelos advogados, consubstanciando-se em título executivo extrajudicial ou, na hipótese de este ser homologado pelo juiz a requerimento de qualquer dos interessados, consistirá em título executivo judicial.

Os capítulos II e III dedicam-se a disciplinar a atividade e o registro dos mediadores.

Conforme artigo 9º, qualquer pessoa capaz, de conduta ilibada e com formação técnica ou experiência prática adequada à natureza do conflito pode ser mediador. Conforme artigos 10, 11 e 12, os mediadores podem ser judiciais (advogados com pelo menos três anos de efetivo exercício de atividades jurídicas) ou extrajudiciais, ambos selecionados e inscritos no Registro de Mediadores.

O artigo 16 prevê a comediação, dispondo, ainda, em seu parágrafo único, que a mesma será obrigatória nas controvérsias que versem sobre o estado da pessoa e Direito de Família, devendo dela necessariamente participar psiquiatra, psicólogo ou assistente social.

O artigo 21 dispõe sobre os impedimentos dos mediadores, aplicando o disposto nos artigos 134 e 135 do Código de Processo Civil.

O Projeto dispõe, ainda, sobre a formação e seleção dos mediadores atribuídas, em conjunto, à Ordem dos Advogados do Brasil, à Defensoria Pública e às instituições especializadas em mediação cadastradas no Registro de Mediadores (artigo 15). Prevê, também, o exercício da fiscalização da atividade da mediação pelo Poder Público, através do Tribunal de Justiça, Defensoria Pública e Ordem dos Advogados do Brasil e, também, tratando-se de mediação incidental, ao juiz da causa (artigos 17 a 20).

O Registro de Mediadores será mantido pelo Tribunal de Justiça, conforme artigo 17.

Nos termos do artigo 14, os mediadores deverão agir com imparcialidade, independência, aptidão, diligência e confidencialidade (salvo, neste último caso, por expressa convenção das partes).

Conforme determina o artigo 23, *"o mediador fica absolutamente impedido de prestar serviços profissionais a qualquer das partes, em matéria correlata à mediação; o impedimento terá o prazo de dois anos, contados do término da mediação, quando se tratar de outras matérias"*.

Ainda, o artigo 24 privilegia a liberdade e a autodeterminação das partes, aduzindo reputando inadequada a conduta do mediador ou do comediador: *"a sugestão ou recomendação acerca do mérito ou quanto aos termos da resolução do conflito, assessoramento, inclusive legal, ou aconselhamento, bem como qualquer forma explícita ou implícita de coerção para a obtenção de acordo"*.

Além disso, o artigo 25 prevê as causas de exclusão do Registro de Mediadores, destacando-se, dentre elas, a violação dos princípios de confidencialidade e imparcialidade, a ação com dolo ou culpa na condução da mediação e a atuação nas hipóteses em que esteja impedido ou suspeito.

Os artigos 26 e 27 preveem o processo administrativo para averiguação de conduta inadequado do mediador.

A mediação prévia pode ser judicial ou extrajudicial (artigo 29) e será facultativa, devendo ser requerida através de preenchimento de formulário, o qual interrompe a prescrição (parágrafo único do artigo 29). Distribuído e recebido o requerimento ao mediador, esse designará dia, hora e local da sessão de mediação, que dará ciência às partes, com a recomendação de que deverão comparecer acompanhadas de advogado, quando a presença deste último for indispensável (artigo 30). Os interessados poderão, de comum acordo, escolher outro mediador (§ 4º do artigo 30). Não sendo encontrado o requerido ou não havendo o comparecimento de qualquer uma das partes, restará frustrada a mediação (§ 5º do artigo 30). Frutífera ou infrutífera a mediação, o mediador lavrará termo de mediação descrevendo suas cláusulas ou consignando a sua impossibilidade, e devolverá o requerimento ao distribuidor para as devidas anotações (artigo 31).

Já a mediação incidental é obrigatória (salvo nas hipóteses dos incisos I a IX[143] do artigo 34). Haverá a designação de um mediador (judicial ou extrajudicial) ao qual será remetida cópia dos autos (artigo 36). As partes também poderão, de comum acordo, escolher outro mediador (parágrafo único do artigo 36). O mediador deve intimar as partes para comparecimento à sessão de mediação, adotando as mesmas providências previstas na hipótese de mediação prévia. Igualmente, a não localização do requerido ou o não comparecimento das partes torna infrutífera a mediação (artigo 37). Frutífera ou infrutífera, o mediador lavrará o termo de mediação descrevendo as cláusulas do acordo ou consignando sua impossibilidade, devolvendo a petição inicial ao juiz da causa acompanhada do termo, para que seja dado prosseguimento ao processo (artigo 39). Havendo acordo, o juiz o homologará o mesmo por sentença (artigo 40).

Os serviços do mediador serão sempre remunerados, nos termos e critérios estabelecidos por norma local (artigo 42), sendo certo que o valor pago a título de honorários do mediador será abatido das despesas do processo (parágrafo único do artigo 38). O termo de mediação, independentemente de obtido ou não o acordo, conterá expressamente a fixação dos honorários do mediador ou do comediador (artigo 46).

O Projeto de Lei pretende, também, dar nova redação ao artigo 331 do Código de Processo Civil, que trata da audiência de conciliação, a fim de incentivar e estimular o juiz a exercer todos os poderes a ele outorgados na gestão do processo, a fim de obter a conciliação entre as partes (artigo 43).

Prevê, nesse sentido, que o juiz indique outros meios para a resolução da controvérsia, tais como a mediação, a arbitragem e a avaliação neutra de terceiro, sendo esta última sigilosa e não vinculante; e que o juiz possa ser auxiliado por outro juiz conciliador ou por conciliadores, devidamente recrutados e instituídos por lei local, na solução dos litígios.

---

[143] "I – na ação de interdição;
II – quando for autora ou ré pessoa de direito público e a controvérsia versar sobre direitos indisponíveis;
III – na falência, na recuperação judicial e na insolvência civil;
IV – no inventário e no arrolamento;
V – nas ações de imissão de posse, reivindicatória e de usucapião de bem imóvel;
VI – na ação de retificação de registro público;
VII – quando o autor optar pelo procedimento do juizado especial ou pela arbitragem;
VIII – na ação cautelar;
IX – quando na mediação prévia, realizada na forma da seção anterior, tiver ocorrido sem acordo nos cento e oitenta dias anteriores ao ajuizamento da ação."

Além disso, o Projeto prevê o acréscimo do artigo 331-A ao Código de Processo Civil, dispondo sobre a possibilidade de adotar as providências acima referidas em qualquer tempo ou grau de jurisdição.

Referido Projeto de Lei tem ótimas estrutura e técnicas, principalmente por incluir as controvérsias familiares dentre as possíveis de submissão à mediação, bem como a determinação de comediação obrigatória em tais controvérsias.

Ainda, ao prever mecanismos de controle e fiscalização pelo Poder Público, garantirá a qualidade do processo de mediação.

No entanto, o Projeto de Lei ora analisado tem sido alvo de algumas críticas.[144]

A principal delas refere-se à obrigatoriedade da mediação incidental, já que um dos princípios da mediação é o da voluntariedade das partes. No entanto, tal obrigatoriedade é necessária para que se realize a mudança de uma cultura de litígio, tão profundamente penetrada no Brasil, para uma cultura que prioriza a via consensual, como ocorreu na Argentina. Ademais, a obrigatoriedade concerne somente à tentativa de mediação e não à consecução do acordo.

Com efeito, neste trabalho, destacamos a importância da aplicação da mediação nas controvérsias familiares, bem como o sucesso dessa prática em diversos países no mundo e, ainda, o êxito de sua realização no Brasil.

Muitas vezes, os envolvidos em conflitos familiares extremamente abalados psicologicamente e inseridos em uma confusão de sentimentos, dentre os quais o orgulho e o desejo de vingança, veem no pedido de tentativa de mediação uma demonstração de fraqueza e, por tal razão, jamais propõem e manifestam sua vontade nesse sentido. Muitas vezes, também, não são devidamente informados sobre a possibilidade de mediação.

Assim, concordamos com a obrigatoriedade da tentativa de mediação nas hipóteses de litígios familiares, a fim de que as partes sejam devidamente informadas quanto ao método e de que seja aferida a possibilidade de execução de um trabalho direcionado à pacificação do conflito e ao acordo entre as partes.

Esperamos, pois, a célere aprovação do Projeto de Lei ora analisado, o qual, não obstante estar inserido no contexto do estabelecimento de mecanismos para desafogar o Poder Judiciário, consistirá em um grande marco para a mudança da cultura de nosso país.

---

[144] OLIVEIRA, E. de. Obra citada, p 108.

# CONCLUSÃO

Vivenciamos uma lamentável crise da Justiça, caracterizada pela sobrecarga dos tribunais, pela lentidão do Poder Judiciário, pelo alto custo dos processos e pela insatisfação dos interesses dos cidadãos.

Essa crise é resultado de um conjunto de fatores sociais, políticos e econômicos. O Estado já não é mais capaz de responder, de maneira satisfatória, às necessidades dos jurisdicionados.

Daí a necessidade da utilização de outros meios, alternativos e complementares à jurisdição, para que se obtenha a pacificação das lides com justiça, de forma imperativa e eficaz, fazendo atuar a vontade concreta do Direito.

No âmbito do Direito de Família, essa necessidade é ainda mais evidente, pois é ainda maior a ingerência do Estado na resolução dos conflitos familiares.

A família muda ao longo dos tempos. As diversas mudanças ocorridas na sociedade nas três últimas décadas repercutiram na família. Se, anteriormente, o principal valor era o patrimônio, atualmente, é o afeto. Diversas dessas alterações já foram assumidas tanto pela Constituição Federal como pela legislação infraconstitucional, em especial, pelo Novo Código Civil, tais como a igualdade entre homens e mulheres, o reconhecimento da família monoparental e da união estável como entidades familiares, a prevalência do melhor interesse da criança na atribuição de sua guarda, a proibição do preconceito em relação aos filhos nascidos fora do casamento, dentre outras.

Os conflitos familiares são muito complexos, não são meros conflitos jurídicos. Há diversos fatores psicológicos e afetivos que os determinam.

É inconcebível que tais fatores, a afetividade e a intersubjetividade que permeiam as controvérsias familiares, não sejam considerados, com a devida importância, em suas resoluções.

A decisão judicial é fruto apenas da análise do que consta nos autos, de forma objetiva, não conseguindo satisfazer aos reais interesses dos envolvidos.

O decurso do processo judicial faz com que o conflito se torne crônico. É marcado pela constante tentativa de provar a culpa do outro, degradando perante o juiz aquele com quem será preciso manter relações, ainda que mínimas, principalmente nos casos de separação/divórcio e dissolução de uniões de casais com filhos.

Os juízes, por mais esforços que possam empreender, não conseguem ultrapassar os limites de uma formação somente jurídica. Por mais que tentem, não conseguem cumprir a tarefa de conciliar as partes, como prevê a lei, seja pelo excesso de processos em pauta, seja pela própria falta de habilidades e de conhecimentos de outras disciplinas que se fazem necessários. Por esses mesmos motivos não conseguem adentrar nas reais causas do conflito.

Por serem impostas e por não atenderem aos verdadeiros interesses das partes, as decisões judiciais são comumente vilipendiadas. As controvérsias não são pacificadas, retornando às varas de família.

Assim, é imperioso tratarmos e resolvermos os conflitos familiares de outra forma, mais digna e eficiente.

Nesse passo, a mediação apresenta-se como um meio extremamente hábil, na medida em que busca a consecução de um acordo obtido pelos próprios contendores, com o auxílio do mediador. Este é um terceiro imparcial que, dispondo de técnicas apropriadas, assiste às partes durante a negociação, facilitando a comunicação entre elas, ajudando-as a compreender a disputa, a explorar alternativas e, assim, solucionar a controvérsia de forma adequada, de modo que os interesses de todos sejam atendidos. Para que logre êxito, a atividade do mediador deve pautar-se na imparcialidade, independência, competência, confiabilidade e diligência.

Em razão de estarem abaladas psicologicamente, bem como da interrupção da comunicação entre elas, as partes acabam por instaurar um processo judicial para obter decisões as quais ninguém melhor do que elas mesmas poderiam alcançar, uma vez que dizem respeito às suas próprias vidas. Na mediação, o mediador auxilia os envolvidos no conflito a recuperarem a sua autodeterminação, bem como restabelecerem a comunicação.

A mediação visa à eliminação do aspecto adversarial entre as partes. Possibilita que os contendores verbalizem o conflito, analisem a pretensão do outro e as medidas de suas próprias pretensões. Permite que compreendam a controvérsia e que voltem as suas atenções para os seus reais interesses, aqueles de longa duração, bem como para os interesses dos filhos, e não focalizem posições inarredáveis.

O processo de mediação é mais rápido do que o processo judicial, que pode se arrastar durante anos, prolongando a angústia das partes.

As decisões são mais facilmente cumpridas, pois advêm dos próprios sujeitos, sendo mais consoantes às suas reais necessidades e às dos demais membros da família.

Ao restabelecer a comunicação entre as partes e ajudá-las a focalizar os interesses de longa duração, a mediação permite a continuação das relações parentais de forma saudável.

Possibilita que as partes se conscientizem de que, apesar do término da união, a parentalidade permanece, e o melhor interesse dos filhos deve prevalecer, evitando, assim, que os pais usem os filhos para punir o outro, como constantemente presenciamos nos processos judiciais.

Os reflexos traumáticos da dissociação familiar para os filhos, tais como o sentimento de perda e abandono, são atenuados. A mediação, ao fazer com que os pais não se tornem inimigos e que mantenham uma relação dotada de um mínimo de harmonia, permite que seja adotado o modelo de guarda mais benéfico a todos os envolvidos, qual seja, o da guarda compartilhada, segundo o qual os genitores exercem seus direitos e deveres parentais em igualdade, efetivando o direito dos filhos à necessária convivência com ambos de forma construtiva.

A mediação de família já é uma realidade em muitos países e sua prática vem crescendo no Brasil. É desenvolvida tanto de forma extraprocessual, em clínicas, escritórios, órgãos privados, de assistência social, religiosos etc., como de forma paraprocessual, como acessório à jurisdição. Nesta última modalidade, antes de instaurar-se o processo judicial, as partes passam pelo procedimento de mediação ou, então, no curso do processo, o juiz as encaminha à mediação.

Em diversos países, há leis regulamentando o procedimento da mediação, bem como os deveres e direitos do mediador. Em alguns países, a mediação conexa às varas de família e aos tribunais surgiu de um movimento conjunto; em outros, como ocorreu na Argentina, através de lei impondo a mediação como instância obrigatória antes da submissão da demanda ao juiz. Essa obrigatoriedade é muito criticada, em razão do caráter voluntário da mediação. No entanto, como pode ser constatado na experiência argentina, a obrigatoriedade pode contribuir para divulgação da mediação, para que todos tenham contato com os seus benefícios, assim como para conscientizar os cidadãos da necessidade de uma mudança no modo de condução e resolução das lides.

Em todos os países em que é praticada e/ou disciplinada por lei, a atividade da mediação de família é atrelada e supervisionada por um órgão do Poder Judiciário ou pelo Ministério da Justiça. Os resultados apresentados têm sido muito satisfatórios, alcançando-se um alto percentual de acordos.

No Brasil, não há uma lei que regulamente a mediação. Não obstante, a tendência do legislador de buscar pacificar os conflitos, principalmente os familiares, de forma consensual, pode ser observada em diversos dispositivos da legislação infraconstitucional. Além disso, Tribunais de Justiça de diversos estados brasileiros instituíram setores de mediação através de Provimentos e têm obtido êxito em grande número de casos.

Há, no Brasil, um Projeto de Lei, ainda em trâmite no Congresso Nacional, que visa à institucionalização da mediação para todas as controvérsias cíveis nas quais a lei permita acordo (o que inclui as causas de família).

Vimos, neste trabalho, os inúmeros benefícios trazidos pela aplicação da mediação na área de Direito de Família. Acreditamos que, se há um instrumento capaz de auxiliar a jurisdição a pacificar os conflitos familiares de forma mais eficaz e menos torturante aos contendores, a jurisdição deve dele se utilizar.

Por isso, urgem a prática e a institucionalização da mediação de família no Brasil.

Muitos insurgem-se contra essa institucionalização.

Alguns apontam que ela fere o princípio da inafastabilidade da jurisdição. Todavia, a mediação é apenas uma tentativa de resolver o conflito consensualmente. As partes não são obrigadas a transigir. Caso reste infrutífera, os direitos são mantidos, podendo ser pleiteados pela via judicial tradicional. Ela não representa a substituição da jurisdição, mas sim um recurso a mais, um complemento à jurisdição para que esta possa intervir de forma mais adequada e eficiente, pacificando os conflitos. Saliente-se, ainda, que nas lides familiares, os acordos devem, necessariamente, ser submetidos à análise do Ministério Público e homologados pelo juiz, em razão da proteção estatal especial de que goza a família, prevista pela Constituição Federal.

Outros afirmam que a mediação representará uma demissão do advogado. Entretanto, tal afirmação é totalmente descabida. A mediação representa um novo campo para o advogado, que continuará atuando, assistindo ao seu cliente durante o procedimento, bem como cuidando para que o acordo final proteja os seus interesses. Além disso, há previsão de que o advogado possa também atuar como mediador, desde que devidamente capacitado, representando, pois, um novo campo de atuação.

O maior obstáculo para a implementação da mediação de família no Brasil é um problema cultural. Nossa cultura jurídica, infelizmente, é a do contencioso, do conflito.

No entanto, como bem asseverou Couture: *"vivemos litigando, os processos se eternizam e os juízes não são infalíveis. Para conquistar a justiça temos perdido a paz, e hoje não temos nem a paz, nem a justiça"*.[145]

O intercâmbio de uma cultura de litígio e de beligerância para uma cultura de consenso e de mediação faz-se imperiosamente necessário, principalmente na área familiar.

Pela paz, pela efetivação dos princípios constitucionais da dignidade da pessoa humana, da liberdade e da intimidade, pelo respeito àqueles que se encontram em um estado de sofrimento, em razão da dissociação familiar, empenhemo-nos, como operadores do Direito e cidadãos, para que esse intercâmbio se realize.

O instrumento existe.

---

[145] Apud CAIVANO, R. J.; GOBBI, M.; PADILLA, R. E. Obra citada, p. 69.

# REFERÊNCIAS

ALENCAR, Raquel Alcântara de; ÁVILA, Eliedite Mattos. *Programa de Mediação Familiar no Poder Judiciário de Santa Catarina.* Disponível na Internet via http://www.ibdfam.com.br. Acesso em 28.7.2008, às 18h30.

ATTIÉ JR., Alfredo. Nossa cumplicidade, nossa melancolia: relações, conflitos, pactos, decisões e direitos que chamávamos família. *Revista do Advogado.* São Paulo: Associação dos Advogados de São Paulo, n. 62, p. 793-100, mar. 2001.

ÁVILA, Eliedite Mattos. *Mediação familiar: apresentação de um modelo canadense adaptado à realidade brasileira.* Disponível na Internet via http://www.ibdfam.com.br. Acesso em 31.10.2002, às 22h15.

BARBOSA, Águida Arruda. Mediação: "a clínica do direito". *Revista do Advogado.* São Paulo: Associação dos Advogados de São Paulo, n. 62, p. 41-48, mar. 2001.

______________________. A política pública da mediação e a experiência brasileira. In: PEREIRA, Rodrigo da Cunha (Coord.). *Família e Cidadania – Anais do III Congresso Brasileiro de Direito de Família.* Belo Horizonte: Del Rey, 2002, p. 317-327.

BONAVIDES, Paulo. *Ciência Política.* São Paulo: Malheiros, 1998.

CAHALI, Yussef Said. *Divórcio e Separação.* São Paulo: Revista dos Tribunais, 1999.

CAIVANO, Roque J.; GOBBI, Marcelo; PADILLA, Roberto E. *Negociación y mediación – Instrumentos apropriados para la abogacía moderna.* Buenos Aires: Ad-Hoc, 1997.

CARBONERA, Silvana Maria. O papel jurídico do afeto nas relações de família. In: PEREIRA, Rodrigo da Cunha (Coord.). *Repensando o Direito de Família – Anais do I Congresso Brasileiro de Direito de Família.* Belo Horizonte: Del Rey, 1999, p. 485-512.

CARMONA, Carlos Alberto. *A arbitragem no processo civil brasileiro.* São Paulo: Malheiros, 1993.

CASABONA, Marcial Barreto. Mediação – uma visão geral. In.: PEREIRA, Rodrigo da Cunha (Coord.). *Repensando o Direito de Família – Anais do I Congresso Brasileiro de Direito de Família.* Belo Horizonte: Del Rey, 1999, p. 103-104.

________________________. Mediação e lei. *Revista do Advogado.* São Paulo: Associação dos Advogados de São Paulo, n. 62, p. 84-92, mar. 2001.

________________________. *Direito de família.* Disponível na Internet via: http://www.emporiodosaber.com.br/ci/colunas/estante/Coluna_Direito_Família. Acesso em 12.1.2002, às 13h.

CHARBONNIER, Laurence. *La mediation civile.* Disponível na Internet via http:// www.avocats-nancy.com. Acesso em 2.11.2002, às 13h.

CINTRA, Antônio Carlos de Araújo; GRINOVER, Ada Pellegrini; DINAMARCO, Cândido Rangel. *Teoria Geral do Processo.* São Paulo: Malheiros, 2000.

CIOCHETTI, Itamar Barros. *A ação de constituição de compromisso arbitral.* Dissertação (Mestrado em Direito) – Universidade de São Paulo, São Paulo, 2000.

COLARES, Marcos Antônio Paiva. O que há de novo no Direito de Família? In: PEREIRA, Rodrigo da Cunha (Coord.). *A família na travessia do milênio – Anais do II Congresso Brasileiro de Direito de Família.* Belo Horizonte: Del Rey, 2000, p. 315-324.

COMEL, Denise Damo. *Guarda Compartilhada não é solução salomônica.* Disponível na Internet via http://www.ibdfam.com.br. Acesso em 29.7.2008, às 8h30.

DIAS, Maria Berenice; GROENINGA, Giselle. A mediação no confronto entre direitos e deveres. *Revista do Advogado*. São Paulo: Associação dos Advogados de São Paulo, n. 62, p. 59-63, mar. 2001.

DINAMARCO, Cândido Rangel. *A instrumentalidade do processo*. São Paulo: Revista dos Tribunais, 1990.

DUARTE, António de Teixeira. *Workshop* sobre mediação familiar. Disponível na Internet via http://www.europarl.europa.eu/comparl/juri/hearings/20071004/duarte2_en.pdf. Acesso em 27.7.2008, às 20h.

FARINHA, Antonio H. L. LAVADINHO, Conceição. *Mediação familiar e responsabilidades parentais*. Coimbra: Almedina, 1997.

FERNANDES, Helena Maria Ribeiro. *O lugar do psicólogo nas conciliações do Juizado Informal de Família do Recife*. Disponível na Internet via http://www.ibdfam.com.br. Acesso em 27.1.2002, às 10h.

FIGUEIRA JUNIOR, Joel Dias. *Arbitragem, jurisdição e execução*. São Paulo: Revista dos Tribunais, 1999.

___________________________; LOPES, Maurício Antonio Ribeiro. *Comentários à Lei dos Juizados Especiais Cíveis e Criminais*. São Paulo: Revista dos Tribunais, 2000.

FIÚZA, Ricardo (Coord.). *Novo Código Civil Comentado*. São Paulo: Saraiva, 2003.

GANANCIA, Danièle. Justiça e mediação familiar: uma parceria a serviço da co-parentalidade. *Revista do Advogado*. São Paulo: Associação dos Advogados de São Paulo, n. 62, p 7-15, mar. 2001.

GRIGOLETO, Juliana Mayer. *A mediação como mecanismo de pacificação social*. In: III Congresso Brasileiro de Direito de Família, 2002, Minas Gerais. Disponível na Internet via http://www.ibdfam.com.br. Acesso em 28.11.2002, às 13h30.

GRINOVER, Ada Pellegrini. *Novas tendências do Direito Processual*. Rio de Janeiro: Forense Universitária, 1990.

GRISARD FILHO, Waldir. Guarda compartilhada. In: PEREIRA, Rodrigo da Cunha (Coord.). *Repensando o Direito de Família – Anais do I Congresso Brasileiro de Direito de Família*. Belo Horizonte: Del Rey, 1999, p. 213-224.

GROENINGA, Giselle. Do interesse à criança ao melhor interesse da criança – Contribuições da mediação interdisciplinar. *Revista do Advogado.* São Paulo: Associação dos Advogados de São Paulo, n. 62, p. 72-83, mar. 2001.

GRUSPUN, Haim. *Mediação familiar – O mediador e a separação de casais com filhos.* São Paulo: LTR, 2000.

HAYNES, John M.; MARODIN, Marilene. *Fundamentos da Mediação Familiar.* Porto Alegre: Artmed, 1996.

HIRONAKA, Giselda Maria Fernandes Novaes. Família e Casamento em Evolução. *Revista do Advogado* . São Paulo: Associação dos Advogados de São Paulo, n. 62, p. 16-24, mar. 2001.

*Jornal da Paraíba*, outubro de 2006. Texto disponível no site http://conflitosfamiliares.blogspot.com/2006/10. Acesso em 28.7.2008, às 21h.

Jornal *O Estado de S.Paulo*, edição de 24.5.2008. Disponível na Internet via http://www.estado.com.br/editorias/2008/05/24/ger-1.93.7.20080524.7.1.xml. Acesso em 29.7.2008, às 12h40.

MARTIN, Paulo. *Em debate: Juizados Especiais de Família.* Boletim n. 10 do Instituto Brasileiro de Direito de Família. Disponível na Internet via http://www.ibdfam.com.br. Acesso em 18.1.2002, às 11h.

NAZARETH, Eliana Riberti. A prática da mediação. In: PEREIRA, Rodrigo da Cunha. *Família e Cidadania – Anais do III Congresso Brasileiro de Direito de Família.* Belo Horizonte: Del Rey, 2002, p. 317-327.

________________________. Psicanálise e mediação – Meios efetivos de ação. *Revista do Advogado.* São Paulo: Associação dos Advogados de São Paulo, n. 62, p. 49-58, mar. 2001.

NEGRÃO, Theotonio. *Código Civil e legislação civil em vigor.* Saraiva: São Paulo, 2002.

____________________. *Código de Processo Civil e legislação processual em vigor.* Saraiva: São Paulo, 2002.

OLIVEIRA, Euclides de. O percurso entre o conflito e a sentença nas questões de família. *Revista do Advogado.* São Paulo: Associação dos Advogados de São Paulo, n. 62, p. 101-108, mar. 2001.

PEREIRA, Rodrigo da Cunha. Direito de Família e Psicanálise – Uma prática interdisciplinar. *Revista do Advogado*. São Paulo: Associação dos Advogados de São Paulo, n. 62, p. 16-24, mar. 2001.

_______________. *Do Desejo à Justiça*. Síntese da palestra de abertura da II Conferência Mundial da Sociedade Internacional de Direito de Família. Disponível na internet em http://www.rodrigodacunha.com.br/reportagem08.html. Acesso em 3/11/2008, às 19h40.

_______________. *Pai, por que me abandonaste?* Disponível na Internet via http://www.apase.com.br. Acesso em 15.7.2002, às 12h40.

PEREIRA, Sérgio Grischkow. Concubinato - União estável. In: PEREIRA, Rodrigo da Cunha (Coord.). *Repensando o Direito de Família – Anais do I Congresso Brasileiro de Direito de Família*. Belo Horizonte: Del Rey, 1999.

PERLINGIERI, Pietro. *Perfis do direito civil: introdução ao direito civil constitucional*. Rio de Janeiro: Renovar, 1997.

PINTO, Ana Célia Roland Guedes. O conflito familiar na justiça – Mediação e o exercício dos papéis. *Revista do Advogado*. São Paulo: Associação dos Advogados de São Paulo, n. 62, p. 64-71, mar. 2001.

PORTO, Alice Costa. *O olhar da lei X relacionamentos familiares*. In: III Congresso Brasileiro de Direito de Família, Belo Horizonte, out. 2002. Disponível na Internet via http://www.ibdfam.com.br. Acesso em 26.11.2003, às 23h30.

RABELLO, Sofia Miranda. *A guarda compartilhada*. Disponível na Internet via http://www.paisparasemprebrasil.org. Acesso em 18.7.2002, às 21h.

*Revista Jurídica* n. 8. Belo Horizonte: Del Rey, maio 2002.

RIOS, Paula Lucas. *Estudo preliminar para uma regulamentação legal da mediação familiar*. Dissertação (Pós-graduação em Direito) – Universidade de Coimbra, Coimbra, 2001.

ROTH, André Noël. O Direito em crise: fim do Estado Moderno? In: FARIA, José Eduardo (Coord.). *Direito e globalização econômica: implicações e perspectivas*. São Paulo: Malheiros, 1996, p. 15-27.

SANTOS, Boaventura de Souza. Introdução à sociologia da administração da justiça. In: FARIA, José Eduardo (Coord.). *Direito e Justiça: a função social do Judiciário.* São Paulo: Ática, 1989, p. 39-49.

SANTOS, Fernando Ferreira. *Princípio constitucional da dignidade da pessoa humana.* Disponível na Internet via http://www.serrano.neves.com.br. Acesso em 23.9.2002, às 13h.

SANTOS, Lia Justiniano. Uma reflexão necessária: conflitos familiares e o exercício da advocacia. *Revista do Advogado.* São Paulo: Associação dos Advogados de São Paulo, n. 62, p. 33-40, mar. 2001.

SEREJO, Lourival de Jesus. A ética e as angústias do juiz de família. In: PEREIRA, Rodrigo da Cunha (Coord.). *A família na travessia do milênio – Anais do II Congresso Brasileiro de Direito de Família.* Belo Horizonte: Del Rey, 2000, p. 315-324.

____________________. *Direito constitucional de família.* Belo Horizonte: Del Rey, 1999.

SERPA, Maria de Nazareth. *Mediação de família.* Belo Horizonte: Del Rey, 1999.

____________________. Mediação e novas técnicas de dirimir conflitos. In: PEREIRA, Rodrigo da Cunha (Coord.). *Repensando o Direito de Família – Anais do I Congresso Brasileiro de Direito de Família.* Belo Horizonte: Del Rey, 1999, p. 355-393.

SILVA, Evandro Luis. *As questões jurídicas e as necessidades sociais.* Disponível na Internet via http://www.pailegal.net. Acesso em 15.7.2002, às 22h.

SILVA, José Afonso da. *Curso de Direito Constitucional.* São Paulo: Malheiros, 1998.

SLHESSARENKO, Amanda Zoë. *Uma visão sobre a guarda de menor e direito de visita na sociedade contemporânea.* Dissertação (Mestrado em Direito) – Universidade de São Paulo, São Paulo, 2001.

STRENGER, Guilherme Gonçalves. *Guarda de filhos.* São Paulo: LTR, 1998.

VILLELA, João Baptista. *Liberdade e família.* Dissertação (Pós-Graduação em Direito). Universidade Federal de Minas Gerais, Belo Horizonte, 1990.